올리버의 어마어마하게 뜨거운 화산 이야기

호르헤 챔 글·그림 김성훈 옮김

Mirae N 아이세움

OLIVER'S GREAT BIG UNIVERSE 2 Volcanoes Are Hot!
Copyright ⓒ Text and illustrations copyright ⓒ 2024 Jorge Cham

All rights reserved.
Korean translation copyright ⓒ 2024 by Mirae N Co., Ltd
Korean translation rights arranged with The Gernert Company, Inc.
through EYA Co.,Ltd

이 책의 한국어판 저작권은 EYA Co.,Ltd 를 통해
The Gernert Company, Inc. 과 독점 계약한
주식회사 미래엔이 소유합니다.
저작권법에 의하여 한국 내에서 보호를 받는 저작물이므로
무단 전재 및 복제를 금합니다.

올리버의 어마어마하게 뜨거운 화산 이야기

지은이 호르헤 챔 | **옮긴이** 김성훈
펴낸날 2024년 9월 20일 초판 1쇄, 2024년 11월 15일 초판 2쇄
펴낸이 신광수 | **CS본부장** 강윤구 | **출판개발실장** 위귀영 | **디자인실장** 손현지
아동인문파트 김희선, 설예지, 이현지 | **출판디자인팀** 최진아, 당승근 | **저작권 업무** 김마이, 이아람
출판사업팀 이용복, 민현기, 우광일, 김선영, 신지애, 허성배, 이강원, 정유, 정슬기, 정재욱, 박세화, 김종민, 정영묵, 전지현
CS지원팀 강승훈, 봉대중, 이주연, 이형배, 이우성, 전효정, 장현우, 정보길
펴낸곳 (주)미래엔 | **등록** 1950년 11월 1일 제16-67호 | **주소** 서울특별시 서초구 신반포로 321
전화 미래엔 고객센터 1800-8890 팩스 541-8249 | **홈페이지 주소** www.mirae-n.com

ISBN 979-11-6841-883-7 74450
ISBN 979-11-6841-754-0 74450 세트

*책값은 뒤표지에 있습니다. 파본은 구입처에서 교환해 드리며, 관련 법령에 따라 환불해 드립니다.
 다만, 제품 훼손 시 환불이 불가능합니다.

KC 마크는 이 제품이 공통안전기준에 적합하였음을 의미합니다.
사용 연령: 8세 이상

지구에서 제일 멋진 고모 티아 로레인에게.
- 올리버

일러두기
· 인명, 지명 등의 고유 명사는 국립국어원 외래어 표기법에 따랐습니다.

목차

제1장 **화산은 뜨거워!**	9
제2장 **행성의 탄생**	37
제3장 **지구 중심으로 파고들어 가기**	58
제4장 **대륙의 충돌**	90
제5장 **록이 록을 하다**	114
제6장 **거대한 트림**	152
제7장 **거대 변기 물 내리기**	183
제8장 **땅을 뒤흔드는 결말**	210
제9장 **이 책의 끝**	237
부록 만화 화산 vs. 지진 최악의 재해는?	241
더 배우고 싶은가요?	249
차에서 가족과 나눌 수 있는 이야기들	250
찾아보기	254

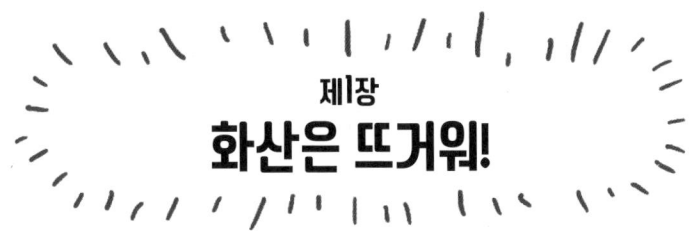

제1장
화산은 뜨거워!

안녕.

반가워! 내 이름은 올리버야.

내가 책을 쓰게 된 이유를 말하기 전에 **동굴에 사는 여자**인 동굴녀를 만났던 이야기를 먼저 해 줄게. 동굴녀가 내 친척이라는 사실도!

으으으…….

한 달 전에 나는 에비와 온라인 게임을 하고 있었어. 에비는 내 절친이야. 5학년이 되고 얼마 지나지 않아 인도로 떠났어.

에비가 이사 가기 전에
우리는 《올리버의 어마어마하게 큰 우주 이야기》라는 책을 썼어.
에비가 재미있는 만화를 그렸고, 에비의 아빠이자 천체 물리학자인
하워드 박사님이 우주에 관해 많이 알려 주셨지.
하워드 박사님과 에비는 지금 인도에 있어. 인도는 매우 멀어.
그래서 에비와 나는 온라인으로 게임을 하며 놀지.

우리 부모님은 아침이나 밤늦게 게임하는 것을 금지했지만,
에비와 게임하는 건 특별히 허락해 주셨어.
내가 에비를 얼마나 보고 싶어 하는지 잘 아시니까.
에비와 게임하려고 정말 일찍 일어나기도 해.
내가 사는 곳과 인도는 시차가 12시간이나 나거든.

일찍 일어나는 건 싫지만 에비랑 놀기 위해서라면,
더군다나 게임하는 거라면 기꺼이 새벽에 일어날 수 있어.

학교를 가려고 일찍 일어날 때   게임하려고 일찍 일어날 때

'지뢰 찾기' 게임으로 에비의 코를 납작하게 만들었지.
물론 에비는 자기가 이겼다고 할 거야. **절대로 믿지 마!**
뭐, 엄밀하게 따지면 에비가 이긴 건 사실이야.
하지만 우리 집 인터넷 속도가 느리지 않았다면 분명 내가 이겼을 거야.

아빠에게 더 빠른 인터넷으로 바꿔 달라고 하자,
게임은 우리 가족의 우선순위에서 아주 낮다고 하셨지.
다시 생각해 달라고 했더니 웬걸, 아빠가 순순히 고개를 끄덕이셨어.
대신 내 용돈을 우선순위에서 뒤로 미루겠다고 하셨지.
이쯤에서 내가 물러섰지.
때로는 일이 커지기 전에 그만두는 법을 알아야 해.

어쨌든 그날도 이른 아침에 에비와 게임을 하고 있는데
갑자기 노크 소리가 들렸어.

가족 모두 아직 자고 있어서 어떻게 해야 할지 몰랐어.
에비는 나가서 누군지 확인해 보라고 했어. 말이야 쉽지!

용기를 내서 물어봤지만 이상한 소리만 들렸지.

처음엔 아빠인 줄 알았어. 일찍 일어나실 때 항상 이런 소리를 내거든.
하지만 아빠는 위층 침실에 있는 게 확실했지.
코 고는 소리가 들렸거든. 아빠의 코 고는 소리는 인도까지 들릴 거야.

그 순간 집 앞의 덤불을 마구 헤집는 소리가 들렸어.
부모님이 덤불 속 바위 아래에 숨겨 둔 비상용 열쇠를 찾으려는 것 같았지.
그걸 어떻게 알았지?
곧이어 열쇠를 열쇠 구멍에 끼우고
돌리는 소리가 나더니
문이 활짝 열렸어.
그리고 동굴녀가 쳐들어왔지!

동굴녀는 바로 디 고모였어.
내가 고모를 동굴녀라고 부른 이유는 고모가 50일 동안 동굴에서 살다 왔기 때문이야. 고모는 화산학자야. 정말 멋지지?
그러니까 고모가 연구하는 대상은 바로…….

화산은 진짜 멋져. 뜨거운 용암을 사방팔방 뿜어내며 폭발하잖아.

화산에 대해서 얼른 말해 주고 싶지만 그 전에 '역대급 구토 사건'을 알아야 해. 지난주에 우리 학교에서 일어났던 아주 특별한 사건이지. 워낙 유명해져서 지금은 모두 이렇게 불러.

맞아. 내 친구 스벤에게 일어났던 일이야.
수요일 점심에 스벤이 좋아하는 체리 파이가 디저트로 나왔지.

스벤은 체리 파이를 진짜 좋아하거든. 자기 파이를 먹고 내 것도 먹으면
안 되냐고 물었어. 나도 체리 파이를 좋아하지만
나보다 훨씬 맛있게 먹을 것 같아서 스벤에게 양보했지.

스벤이 얼마나 체리 파이를 좋아하는지 알게 된 다른 친구들도 스벤에게
체리 파이를 가져다 주었어. 밀라 가르시아가 자기 파이를 스벤에게 주더니
그 다음엔 양쯔 차가 나눠 줬어. 스벤 앞에 체리 파이가 10개나 쌓였지.

쌓인 체리 파이를 보고 갑자기 아이들이 스벤 자리로 몰려들기 시작했어.
스벤은 먹고 또 먹었어!

체리 파이를 9개째 먹을 때쯤 스벤의 먹는 속도가 좀 느려졌어.
남은 파이는 단 1개!
아이들 모두 스벤이 마지막 파이를 먹는 모습을 보고 싶어 했어.
우리는 탁자를 두드리며 외쳤지.

친구들의 꼬임에 넘어가는 건 좋은 생각이 아니야.
하지만 스벤은 마지막 파이까지 정말로 먹고 싶어 하는 것 같았어.
결국 해내고 말았지!

스벤이 마지막 한 입을 먹는 순간 모두가 환호했어.

체리 파이 하나에 그렇게 많은 사람이 열광하는 모습은 처음 봤어.
여기서 끝냈다면 스벤은 우리 학교 영웅으로 남았을 거야.

스벤은 배 속에서 체리 파이가 올라오는 것을 간신히 참고 있었어.
그때 닐라 카티가 도와주겠다며 끔찍한 아이디어를 냈어.

무슨 일이 벌어졌는지 상상이 가지? 엄청났어.

스벤의 역대급 구토 사건은 화산 폭발과 비슷해.

지구가 토하는 게 화산이야. 지구가 토한다는 건 몰랐지? 하지만 사실이야.

화산학자인 고모는 마그마가 땅속에 쌓여서 마그마 방이 만들어지면
화산 활동이 일어난다고 했어.
마그마는 땅속 깊은 곳에서 암석이 열로 녹아 액체가 된 물질이야.
마그마 방 주변 암석의 내리누르는 힘이 강해지면
마그마가 터진 틈으로 솟구쳐 올라와 용암으로 흘러내리지.

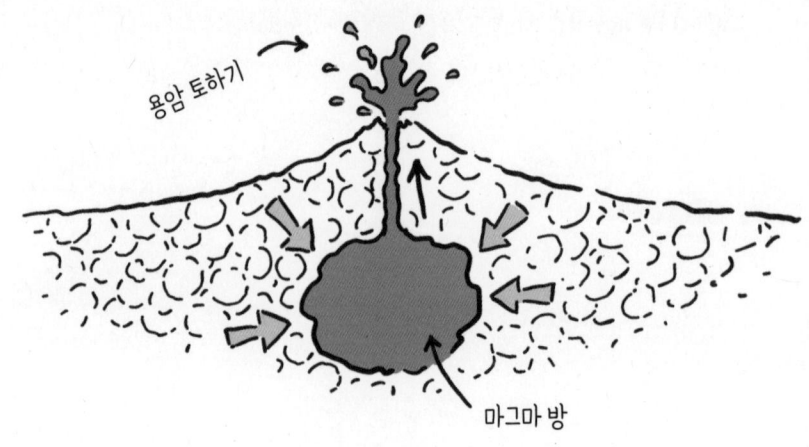

펑! 화산이 폭발하는 거야. 우리가 구토할 때와 비슷하지. 고모는 마그마가 지구 깊숙한 곳에서 솟구치기도 하고, 물과 섞이면서 부피가 팽창해 분출되기도 한다고 말해 줬어.

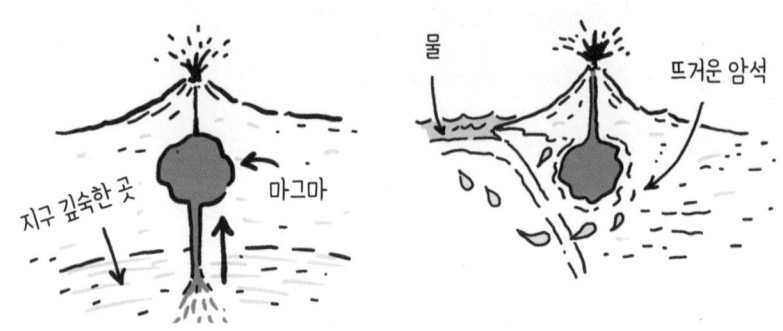

알아보니, 화산은 모두 같은 모양이 아니야. 정말 멋지지!

방패를 엎어 놓은 듯한 순상 화산, 원뿔 모양의 성층 화산, 성층 화산과 비슷한 모양이지만 그보다 작은 분석구, 종 모양의 종상 화산이 있어.

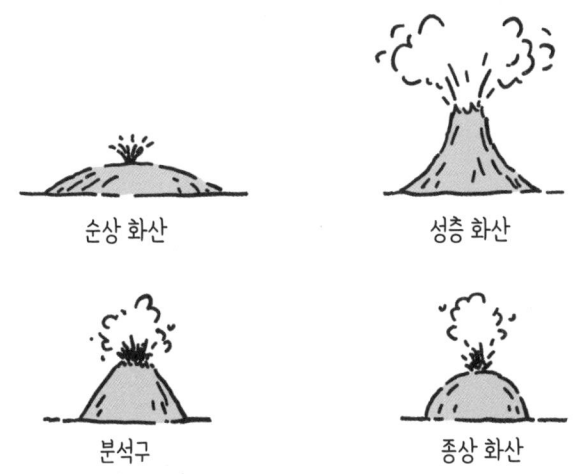

화산은 대부분 바다에 잠겨 있어서 보이지 않아.
미국 하와이도 예전에는 바닷속에 있었지.
화산에서 분출된 용암은 굳어져 암석이 되는데, 계속 용암이 분출되어 암석의 크기가 점점 커지다가 결국 물 위로 올라오면 그게 바로 섬이야.

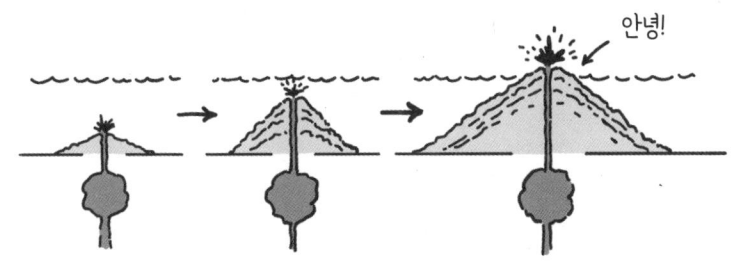

어떤 화산은 아기가 토하듯 용암이 줄줄 새어 나와.

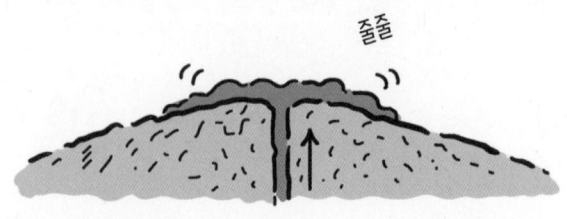

한번은 동생이 어렸을 때 식당에서 토한 적이 있었어.
디저트를 다 먹을 때까지 아무도 동생이 토한 것을 몰랐지.
그날 저녁 부모님은 식당 직원들에게 팁을 아주 후하게 줘야 했어.

용암은 규산염이라는 물질의 양이 많은지 적은지에 따라 구분하기도 하고,
땅콩버터처럼 끈적거리는 정도에 따라 나누기도 해.

묽은 용암
(현무암질 용암)

끈적한 용암
(유문암질 용암)

알갱이 용암
(아아용암)

덩어리 용암
(침상 용암)

끊임없이 뿜어내는 화산, 분출했다가 멈춘 화산도 있지만
보통 화산을 떠올릴 땐 폭발하는 화산을 떠올리지.

고모는 마그마 안에 엄청난 양의 가스가 가득 차 있다가 터져 나오면서
화산 폭발이 일어난다고 했어.

배 속에 가스가 가득 차면 폭발하는 소리가 나잖아.

안타깝게도, 스벤의 역대급 구토도 폭발했어.
스벤은 체리 파이만 먹은 게 아니야. 먹는 내내 탄산음료를 마셨거든.

상상해 봐. 스벤의 위 속에서 체리 파이와 탄산 가스가 뒤섞여
밖으로 나갈 순간만 기다리는 모습을 말이야.

가스가 많은 마그마가 화산 폭발을 일으키는 이유를 알겠지?

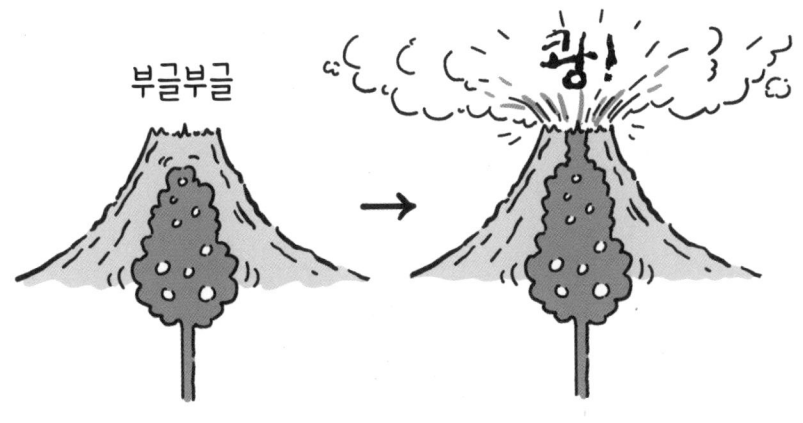

놀랍게도 마그마에 있는 가스는 대부분 수증기야.
바닷물이 마그마와 뒤섞여 수증기로 변하지. 수증기도 가스, 즉 기체야.

다행히 폭발할 때 스벤 뒤에 있어서 토사물이 내게 전혀 튀지 않았지.

용암이 튀지 않았다고 안전한 건 아니야.
용암은 진짜 뜨거워. 암석이 녹을 정도이니 얼마나 뜨거울지 짐작이 가?
무려 1,200도가 넘어. 100도에서 끓는 뜨거운 물보다 12배나 뜨거워.
용암에 닿기라도 한다면 탄 토스트처럼 새까맣게 될 거야.

하지만 화산이 폭발할 때 제일 위험한 건 용암이 아니라고 고모가 말했어.
용암은 흐르는 속도가 느려서 열심히 달리면 도망갈 수도 있거든.

정말 위험한 건 화산재, 암석, 뜨거운 가스 같은 화산 분출물이야.
산사태가 나는 것처럼 산비탈을 따라 엄청난 속도로 흘러내리거든.
700도에 이를 만큼 아주 **뜨겁고**
시속 193킬로미터에 달할 만큼 엄청나게 **빠르지**.
고속 도로를 달리는 자동차보다 훨씬 빨라.

그런데 화산 분출물도 최악은 아니야. 스벤의 구토도 마찬가지였어.
물론 토사물을 맞은 아이들도 있었지만.

스벤의 역대급 구토 사건을 만든 건 바로 **냄새야!**

냄새 때문에 다른 아이들도 구토를 하면서 연쇄 반응이 시작되었어.

연쇄 반응의 결과물은 학생 식당 입구까지 쭉 이어졌지.

덕분에 토사물도 다양하다는 걸 알게 됐지 뭐야.

묽은 토사물   끈적한 토사물   알갱이 토사물   덩어리 토사물

다시 고모 이야기로 돌아와서,
고모가 50일이나 동굴에서 살았던 이유도 화산과 관련이 있어.
다른 행성에도 화산이 있다는 거 알고 있어?
과학자들은 수성, 금성, 화성에도 화산이 있다는 걸 찾아냈어.
화성에는 미국 애리조나주의 크기와 거의 맞먹는 올림퍼스 화산이 있어.
태양계에서 가장 큰 화산이라고 알려져 있지.

달에도 화산이 있어.

달에 보이는 어두운 점들은 아주 오래 전에 용암이 고여 있던 웅덩이야.

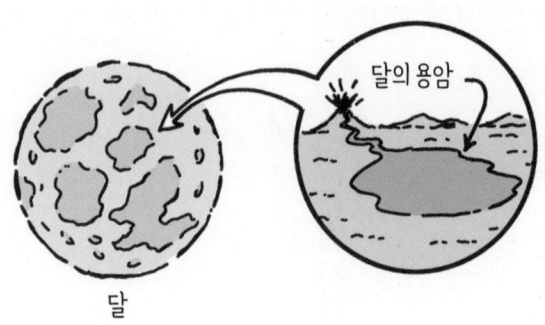

고모는 달에 용암 동굴이 많다고 했어.

달에서 살게 된다면 용암 동굴에서 살면 좋을 거라고도 했지.

우주에서 날아오는 암석 덩어리나 해로운 광선을

피할 수 있을 거라면서 말이야.

고모는 사람이 동굴에서 얼마나 오래 살 수 있는지 알아보는 실험에 자원했고 50일 동안 동굴에서 살았지. 세계 기록은 500일이었어. 이제 고모가 동굴에서 오래 살기 세계 기록 보유자가 된 거지.

고모에게 나도 게임 오래 하기 세계 기록에 도전해 보겠다고 했더니 그게 달에서 사는 데 무슨 도움이 될지 모르겠대.

고모에게 화산에 대해 많이 배웠어.
늘 지구 어딘가에서 20개 정도의 화산이
용암을 분출하고 있다는 사실을 알고 있어?
이 책을 읽고 있는 지금도 여기저기에서 지구가 토하고 있다는 말이지.

고모에게 재미있는 지구 이야기를 더 해 달라고 하자
고모는 기꺼이 알려 준다고 했지.
지구에 온갖 놀라운 일들이 벌어진다면서 말이야.
지진이 일어날 때마다 지구가 방울처럼 흔들린다는 거 알아?
지금 네가 들이마시고 있는 공기가
방귀에서 나왔다는 건?

고모는 더 말해 주려다가 목욕을 해야겠다고 말했어.
501일 동안 동굴에서 살다 와서 냄새가 정말 고약했거든.

지난주 일을 생각하면 씻고 싶은 고모의 마음을 백 퍼센트 이해할 수 있었어.
난장판이 된 학생 식당에서 빠져나오기가 만만치 않았지.
널브러진 알갱이 토사물과 덩어리 토사물을 밟고 지나가야 했거든.

그런데 학생 식당 입구까지 거의 다 왔을 때 묽은 토사물을 밟고 말았어.

스벤이 역대급 구토를 한 아이로 우리 학교 역사에 남았다면,
슬프게도 나는 그걸 온몸에 뒤집어쓴 아이로 알려지게 됐지.

제2장
행성의 탄생

그래, 나도 알아. 정말 끔찍했지.

사실 이 책에 스벤의 역대급 구토 이야기를 쓸지 고민했어.

그래서 동생 베로니카에게 이 글을 읽고 마음에 드는지 알려 달라고 했어.

끝까지 읽은 동생은 격하게 반응했어.

베로니카의 반응을 보고 구토 이야기를 책에 넣어야겠다고 결심했어.
아이들이 역겨워하는 건 훌륭한 작품이 되거든.

이 책을 쓰는 이유를 설명하기 위해서라도 구토 이야기를 꼭 해야만 했어.
스벤의 역대급 구토가 내가 이 책을 쓰고 있는 이유야.

우주에 관한 책을 쓰고 난 뒤 학교 생활은 그럭저럭 괜찮았어.
내 책을 읽은 몇몇 아이들 덕분에 학교에서 유명해졌거든.
같이 사진을 찍자는 아이는 없었지만 '재미있는 과학 소년'으로 알려졌지.

앞으로 학교 생활은 문제가 없을 거라고 생각했어.

그런데 역대급 구토 사건이 벌어진 거야.

발 없는 말이 천 리 가듯 역대급 구토 사건은 빠르게 퍼져 나갔어.
다음 날 학교에 갔을 때 아이들이 스벤과 나를 피하는 걸 보니 알겠더라.

처음엔 몰랐는데 복도에서 아이들이 속닥거리는 소리를 들었지.

이건 아니다 싶었어. 하루아침에 '재미있는 과학 소년'에서 역겨운 '구토 소년 친구'로 변하고 말았으니까.

점심시간에 학생 식당을 갔는데 모두가 역대급 구토 사건을 아는 것 같았어. 우리에게 같이 앉자는 아이가 아무도 없었거든.

모두 이런저런 핑계를 댔어. 수학반 아이들과 앉으려고 해 봤는데…….

합창반 아이들도…….

운동부 아이들도…….

가는 곳마다 구토 냄새가 따라다니는 것 같았어.
새 학기가 시작되고 시간이 꽤 흘렀기 때문에 다들 친한 친구들끼리 모여 앉아 있었어. 에비가 인도로 떠난 이후로 나는 스벤과 많은 시간을 보냈어. 주변을 돌아보니 우리 둘뿐이었지.

이런 일을 겪으니 문득 고모에게 들은 이야기가 생각났어.
지구가 어떻게 만들어졌는지 궁금하지 않아?
우주를 떠다니는 커다란 암석 덩어리인 지구는 어떻게 생겨났을까?

지구가 만들어진 과정은 학교에서 친구 무리가 만들어지는 과정과 비슷해.

처음 한자리에 모인 아이들은 서로 잘 몰라서 그냥 멀뚱멀뚱 서 있기만 해.

하지만 곧 몇몇이 서로 말하기 시작하고, 작은 무리를 이루지.

다른 아이들도 그 무리 친구들과 말하기 시작해.

무리는 더 많은 아이들을 끌어들이고, 어느새 모두 무리를 짓게 돼.

지구가 만들어진 과정도 비슷해. 약 45억 년 전에 태양계는 가스와 먼지로 이루어진 거대한 구름에 불과했어.

그러다가 중력 때문에 서로 뭉치기 시작했지.
우주 공간에 있는 물질들은 중력 때문에 서로를 끌어당기거든.

구름은 납작한 원반 모양으로 뭉쳐졌어. 마치 우주 팬케이크 같다고 할까?

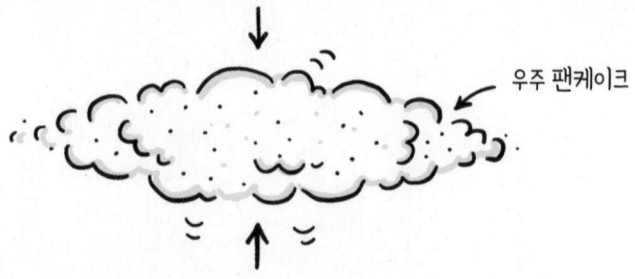

우주 팬케이크

원반 가운데로 모인 물질들은 덩어리로 뭉쳐져 태양이 되었어.

태양 주변에 있던 가스와 물질들도 고리 모양으로 덩어리졌어.

고리 모양으로 덩어리진 물질들에 약간의 먼지들이 달라붙었어.

먼지들이 뭉치면서 작은 암석이 되었어.

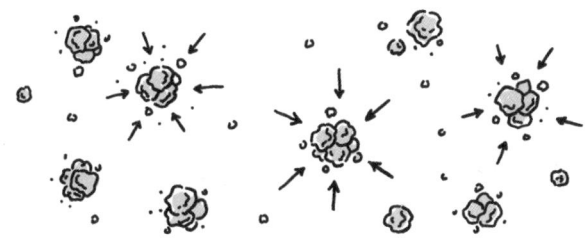

작은 암석들이 한데 합쳐져 **커다란** 암석이 되었지.

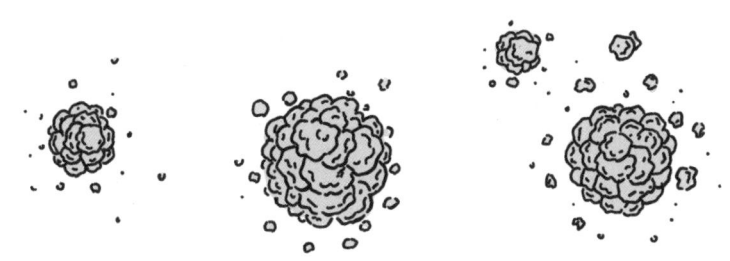

커다란 암석 중 일부가 어마어마하게 커져서 행성이 되었어.

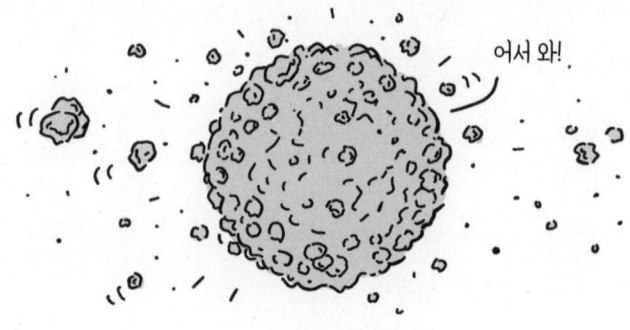

지구를 비롯한 모든 행성은 이렇게 만들어졌어.

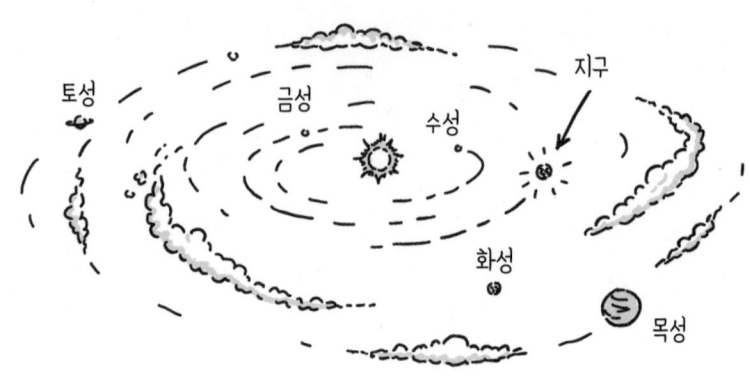

고모는 이렇게 뭉쳐지는 데 5000만 년에서 1억 년 정도 걸렸을 거라고 했어.
아주 긴 시간 같지만 우주에서는 사실 아주 짧은 시간이래.
내 방을 치울 때도 물건을 모아서 정리하려면 꼬박 하루가 걸리는데
행성 하나가 만들어지려면 얼마나 긴 시간이 필요할지 상상도 못하겠어.

다시 학생 식당으로 돌아가 보자. 스벤과 나는 여전히 자리에 앉지 못했어.

우리에겐 세 가지 선택지가 있었어.
첫째는 학교를 졸업할 때까지 학생 식당에서 밥 먹는 걸 포기하는 거야.
이 말을 듣자 스벤은 걱정이 이만저만이 아니었어.

둘째는 서서 먹는 법을 배우는 거야.

서서 밥 먹어 봤어? 생각보다 훨씬 힘들어.

셋째는 이미지를 바꾸는 거야. 그 순간 방법이 떠올랐어.

과학 탐구 대회!

과학 탐구 대회는 학생들이 과학 주제를 탐구하고 발표하는 학교 행사야. 제일 잘한 사람은 상장과 상품을 받을 수 있지.

며칠 전, 발렌시아 선생님이 수업 시간에 과학 탐구 대회를 설명하면서 추가 점수를 딸 기회라고 하셨지. 솔직히 참가하고 싶진 않아.

그냥 공부를 더 하라는 소리로 들렸거든.
하지만 과학 탐구 대회에서 상을 받는다면 구토 소년 이미지를
지워 버릴 수 있다고 생각했어. 최고의 기회였지.

내가 우승할 게 틀림없어.
그러니까 내 말은, 이미 과학 책을 한 권 썼으니까
과학 탐구를 잘할 수 있다는 뜻이야.
그리고 완벽한 계획을 세웠어. 책을 한 권 더 쓰는 거야.
첫 번째 책도 반응이 좋았으니까 이번 책도 분명히 그럴 거야.

스벤에게 계획을 말하려는 순간 학생 식당에 자리가 났어.

얼른 달려갔지만, 난데없이 나타난 아이들에게 자리를 빼앗겼어.

혼돈 그 자체였지.
이런 상황을 겪고 보니 고모가 말해 준 이야기가 떠올랐어.
고모는 행성들이 모이는 동안 태양계가 아주 혼돈스러웠다고 했어.

태양 주변에 온갖 가스와 물질이 빙글빙글 돌고
거대한 바윗덩어리인 소행성이 여기저기 날아다니며 서로 충돌했지.

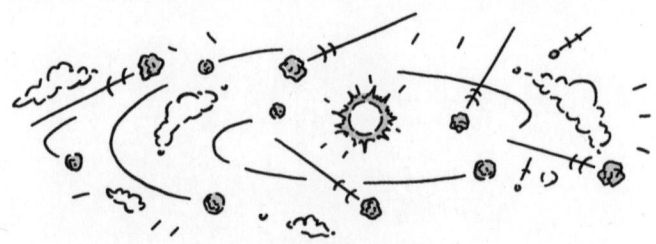

고모는 달도 충돌이 일어나 만들어졌을 거라고 했어.
지구가 탄생한 직후 지구 주위에는 큰 바윗덩어리들이 날아다녔지.

그중 하나가 지구와 충돌했어!

그 순간, 거대한 폭발이 일어나면서 커다란 암석 덩어리만 남고 나머지는 우주로 날아갔어.

하지만 멀리 못 가고 큰 덩어리들은 중력에 이끌려 다시 지구와 합쳐졌지.

멀리 날아간 작은 덩어리들은 뭉쳐져 지구의 위성이 되었어.
밤하늘에 밝게 뜨는 달이 바로 그 위성이야.

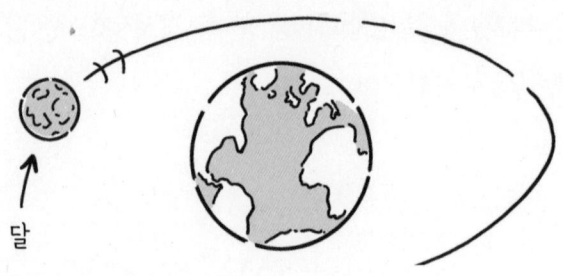

달이 거대한 충돌로 생겨났다니, 멋지지?
지난번에 거실에서 자전거를 타다가 벽에 부딪혔을 때
이 멋진 이야기를 예로 들어 설명했지.

충돌이 꼭 나쁜 건 아니라고요!

여기까지가 내가 이 책을 쓰고 있는 이유야.
제발 계획대로 됐으면 좋겠어.
학교 다니는 내내 구토 소년 꼬리표를 달고 다니긴 싫거든.

그때 학생 식당에 앉을 방법이 떠올랐어. 혼돈에 빠진 태양계에서 착안한 아이디어였지.

혼돈에 빠지게 했더니 깨끗하게 해결되더라고!

제3장
지구 중심으로 파고들어 가기

화장실이 **진짜** 급해서 지구 중심을 향해 땅을 판 적 있어?

막상 과학 탐구 대회에 발표할 책을 쓰려고 하니,
어떤 주제로 쓸지 고민이 되었어.
이미 우주에 관해 썼는데, 또 뭐가 있을까?

무엇에 대해서 쓸까?

그때 우리가 사는 세상, 지구가 떠올랐어. 생각해 보면 지구는 우리 모두와 연관되어 있잖아. 지구에 사는 우리들은 모두 지구를 밟고 서 있으니까!

우리는 모두 지구에서 태어났어. 지구에 숨어든 외계인이 있다면 몰라도.
지구에 외계인이 산다고 믿지 않지만,
가끔 외계인이 아닌지 의심스러운 아이가 있긴 해.

지구에 관한 책을 쓰면 과학 탐구 대회에서 틀림없이 우승할 거야.
하지만 혼자서 책을 쓰는 건 쉽지 않은 일이지.

좋은 아이디어가 떠올랐어. 우리 고모는 화산학자이자 지구과학자야.
그야말로 지구 전문가란 말씀! 고모가 지구에 관해 알려 주면 되지.

공부할 필요도 없어. 그냥 고모에게 물어보고
고모가 하는 말을 녹음해 두었다가 적기만 하면 되니까.
완벽한 계획이지?

책을 쓸 시간은 충분했어. 고모는 새 아파트를 구하기 전까지
우리 집에서 몇 달간 지내기로 했거든.

고모가 언제 동굴에서 나올지 몰랐던 우리 부모님은 깜짝 놀라셨지.

정말 완벽한 계획이라고 생각했어. 그런데 질문을 하자마자 고모가 의심스러운 눈으로 나를 쳐다보았어. 고모가 나 대신 책을 쓰는 동안 만화책이나 읽으려고 했는데 계획이 틀어졌지.

고모는 내 속셈을 알아챘어.

아무래도 고모가 더 똑똑한가 봐. 아빠에겐 이런 계획이 잘 통하거든.
아빠는 내가 질문하는 걸 엄청 좋아해. 질문하면 숨도 안 쉬고 답해 주지.

고모를 속이는 건 어려울 것 같아. 고모는 대번 눈치채더라고.
부모는 자식을 사랑하지만 고모는 꼭 그렇진 않으니까.

그래서 도와 달라고 간절히 부탁했어.

다행히 고모가 도와주기로 했어. 고모와 함께 캠핑을 가는 조건이었지.
고모는 캠핑을 정말 좋아하거든.

그래서 커다란 배낭을 메고 아주 외딴 곳으로 고모와 캠핑을 떠났어.

걸어가는 동안 고모는 수십억 년 전에 우주를 날아다니던 암석들이 뭉쳐져 지구가 만들어진 이후에 일어난 일들을 말해 주었어.

날아오는 암석 덩어리에 두들겨 맞은 지구는 점점 더 뜨거워졌대.

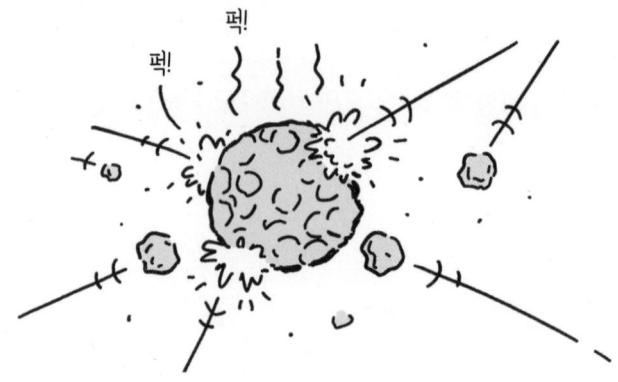

마치 고무찰흙을 오랫동안 계속 두드리고 주무를 때와 비슷해. 그러면 찰흙이 살짝 따뜻해지거든.

상상해 봐. 몇백만 년 동안 암석에 두들겨 맞은 지구의 모습을 말이야.
계속된 충돌과 방사성 물질의 핵분열로 뜨거워진 지구는
엄청나게 뜨겁고 거대한 용암 덩어리가 되었어.

지구가 한때 거대한 용암 덩어리였다니, 정말 재미있지?
용암 덩어리인 **지구** 위에서 **하루 종일** 걷는다고 상상해 봐.
엄청 불편할 거야.

새어 나오는 용암 덩어리 이야기를 들어서 그런지 배가 살살 아팠어.
당장이라도 뒤로 무언가 새어 나올 것 같았어.

어젯밤에 먹은 타코 때문에 배탈이 났나 봐.
고기, 콩, 치즈가 든 타코를 산더미같이 쌓아 놓고 먹은 게 실수였지.

고모에게 화장실이 어디에 있냐고 물었더니, 그냥 웃기만 했어.
뭔가 불길했지.

고모는 아주 외딴 곳이라 화장실이 없다고 했어.

아빠하고 다니는 캠핑에 너무 익숙해져 있었나 봐. 아빠는 캠핑장 바로 옆에 차를 대고 텐트를 치거든. 당연히 근처에 공중 화장실이 있지. 우리 아빠는 캠핑왕이라 캠핑용품도 엄청 많아.

고모는 아빠와 달리 야생 스타일이었어.
필요한 것을 모두 배낭 하나에 짊어지고 걸었지.
똥이 마려우면 구덩이를 파고 눠야 했어. 그래, 맞아. 구덩이.

고모는 삽을 주면서 숲속에서 볼일을 보고 오라고 했어.
예전에 화장실에 가기 위해 이렇게까지 노력했던 적이 있었지.
한번은 천 선생님이 수학 시간에 깜짝 시험을 내면서 다 풀 때까지
화장실에 갈 수 없다고 했어.

수학을 잘하지 않지만 이날은 $2x + 7y = 17x - 4y$를 누구보다
빨리 풀었을 거야. 90점이든 70점이든 아무 상관없었어.

머릿속에 오직 '띠'으로 시작하는 단어밖에 없었어. 배 속이 끔찍했거든.

다시 숲 이야기로 돌아가면, 나는 땅 파기 좋은 장소를 발견하고 구덩이를 파기 시작했어. 그런데 얼마나 파야 할지 몰랐어.
너무 깊게 파면 어쩌지? 볼일 보다가 구덩이에 빠지기라도 하면?

땅을 계속 판다면 어떻게 될까?
계속 파고들어 가면 지구 반대편으로 나가게 될까?

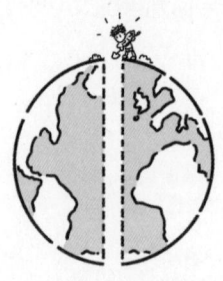

깊은 구덩이만큼 심오한 질문이었지.
구덩이를 얼마나 깊이 팔 수 있는지 궁금해졌어. 물론 볼일도 급했지.
호기심과 아랫배 중에 뭐가 더 급한지 경쟁을 하는 셈이었어.

똥을 누고 싶었다가, 땅을 파고 싶었다가 마음이 왔다 갔다 했어.
다행히 결정하는 데 오래 걸리지 않았지.
구덩이를 파는 일이 정말 힘들었거든.
10분쯤 열심히 팠더니 금방 지쳐 버렸어.

여전히 배가 아팠지만 아무리 급해도 바지에 쌀 수는 없었지.

한참이 지나도 내가 돌아오지 않자 고모가 확인하러 왔어.

고모는 구덩이를 15센티미터 정도만 파면 된다고 했어.

고모에게 지구 반대편까지 구멍을 팔 수 있는지 알아보는 중이었다고 말했지. 고모는 그렇게 하려면 시간이 엄청 오래 걸릴 거라고 했어.

지구는 엄청나게 커서 지구 반대편까지 가려면 구덩이를 12,714킬로미터 정도 파야 한대. 엄청 많이 파야 한다는 말이야. 단 1킬로미터만 파 내려가려 해도 미국에 있는 엠파이어 스테이트 빌딩 2개 반을 쌓아 올린 길이만큼 깊게 흙을 파내야 해.

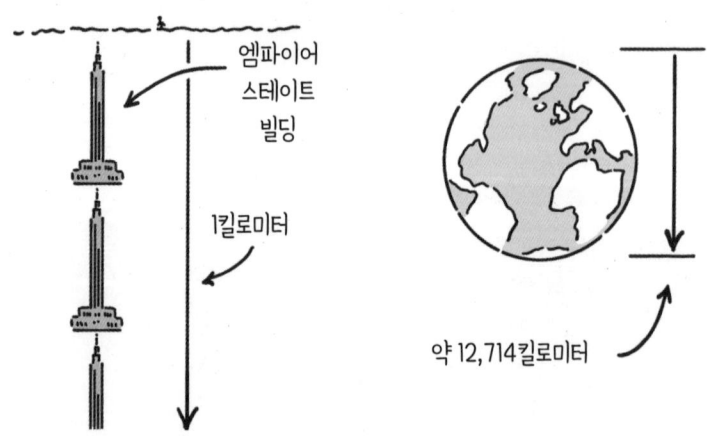

12,714킬로미터 '정도'라고 말한 이유는 어디서 파는지에 따라 파야 할 깊이가 달라지기 때문이야. 지구가 둥글다는 이야기는 들어 봤지?
사실 지구는 높이보다 폭이 살짝 더 넓어. 살짝 눌린 타원형 모양이야.

타원형인 이유는 지구가 자전하기 때문이야.
빙글빙글 빠르게 도는 놀이기구를 타면 밖으로 튕겨 나갈 것 같지?
지구도 빠르게 돌고 있기 때문에 가운데 부분이 불룩해진 거야.

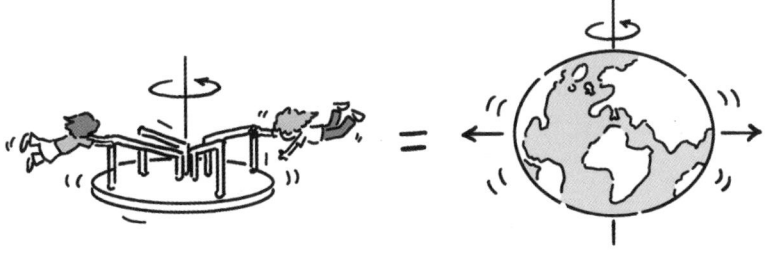

북극에서 남극까지 땅을 판다면 12,714킬로미터를 파야 하지만,
파나마에서 인도네시아 근처 코코스섬까지 판다면
12,756킬로미터를 파야 할 거야.
큰 차이는 아니지만 엄연히 달라.

또 지구를 파고들어 가려면 여러 층을 뚫고 들어가야 한대.
여러 층이 있다는 점에서 지구는 버블티하고 비슷해.

컵을 흔들어도 버블티의 층은 그대로 있지.

제일 위로 얼음이, 그 아래로 과일 조각이 뜨고 타피오카 펄은
밑바닥에 가라앉아.

지구에서도 같은 일이 일어났어.
수십 억 년 전, 지구가 커다란 용암 덩어리였을 때 용암 안의 물질들은
서로 다른 층을 이루었지. 가벼운 암석이 제일 위에, 그보다 무거운 암석은
그 아래에 뜨고 무거운 금속은 바닥에 가라앉았어.

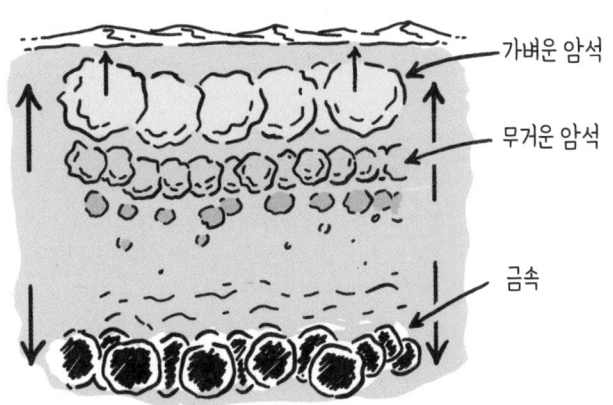

지구는 둥글어. 아니, 거의 둥글지.
그래서 무거운 물질은 지구의 중심으로 가라앉고
가벼운 물질은 지구의 바깥쪽으로 떠오르지.

지구 내부는 반으로 자른 아보카도나 삶은 계란과 비슷하게 생겼어.
지구를 반으로 잘라 내부를 볼 수 있다면 층들을 눈으로 확인할 수 있을 거야.

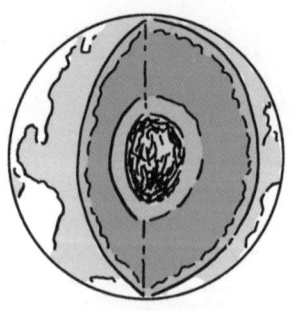

고모에게 아보카도와 삶은 계란으로 버블티를 만들면 좋겠다고 했더니,
고모는 그걸 마시면 배가 더 아파질 거라고 했어.

지구 반대편까지 구덩이를 판다면 먼저 흙이나 모래를 파고들어 가야 해.

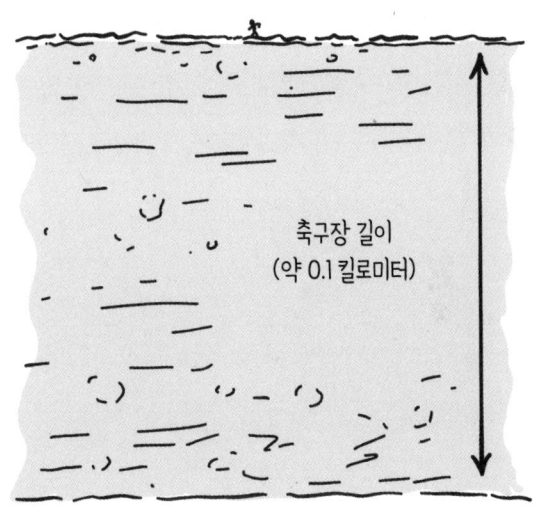

축구장 길이만큼 깊게 파고들어 가면 첫 번째 암석층을 만날 거야.

지표부터 첫 번째 암석층까지를 **지각**이라고 해.
지구의 바깥쪽 부분, 즉 지구의 껍질이라고 볼 수 있지.
대부분 잘 바스러지는 암석으로 이루어져 있어.
5~35킬로미터 정도의 두께로 아주 두꺼운 것 같지만
지구의 크기에 비하면 아주 얇은 편이지.
계란에서 계란 껍데기가 차지하는 정도야.

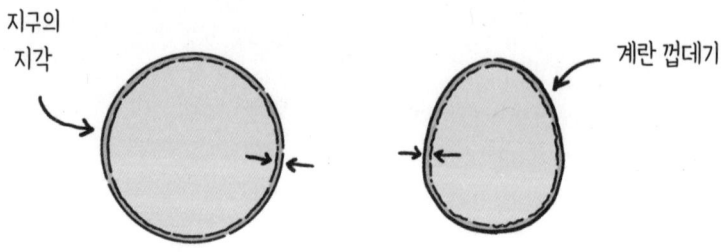

두 번째 층은 **맨틀**이야.
첫 번째 층보다 더 무거운 암석으로 이루어져 있고 꽤 두꺼워.
맨틀을 통과하려면 2,900킬로미터를 더 파고들어 가야 해.

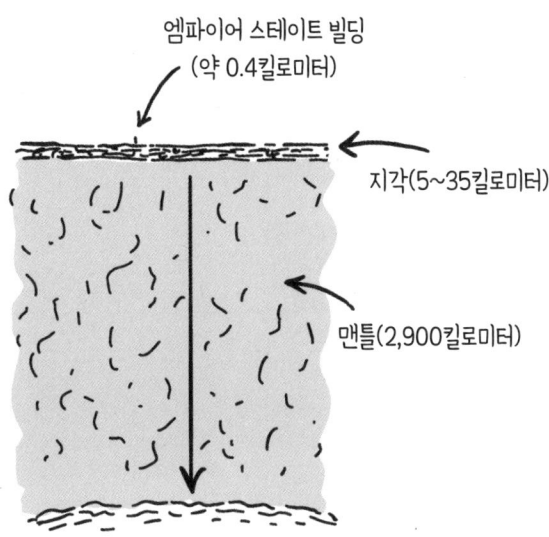

맨틀은 마그마가 만들어지는 곳이야. 이곳에서 만들어진 마그마가 지각에 생긴 틈을 뚫고 올라와 용암으로 분출되는 거지.
혹시라도 맨틀까지 파고들어 간다면 절대 마그마를 건들지 마.

맨틀 다음에는 **핵**이 있어.

핵은 지구 중심에 있는 거대한 공이야. 대부분 금속인 철로 이루어져 있지. 2,900킬로미터부터 5,100킬로미터까지 위치한 부분을 **외핵**이라고 해. 외핵은 금속이 질퍽하게 녹은 상태라 뚫고 지나가기 어렵지.

지하 5,100킬로미터부터 지구 중심까지 이르는 부분을 **내핵**이라고 해. 딱딱한 금속 공이야.

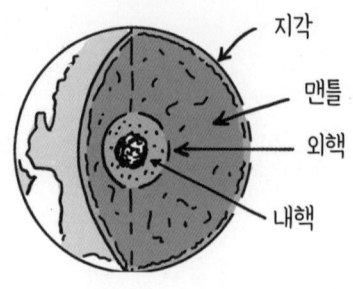

땅을 파서 지구 반대편으로 나오려면 뜨거운 마그마를 파고들어 간 뒤 질퍽한 금속 액체를 통과하고 딱딱한 금속 공도 뚫고 지나가야 해.

게다가 지구 내부는 **어마어마하게 뜨거워.**
지구가 거대한 용암 덩어리였을 때 열기가 아직 남아 있고,
많은 양의 방사성 물질이 암석과 금속을 뜨겁게 달구고 있지.

지구가 시원하고 살기 좋은 이유는 온도가 낮은 우주와 지구 표면이 가까이 접해 있어서야. 맨틀의 온도는 3,500도, 핵의 온도는 6,000도나 돼. 태양의 표면 온도가 6,000도 정도라는 점을 생각해 보면 지구가 엄청 뜨겁다는 걸 알 수 있겠지?

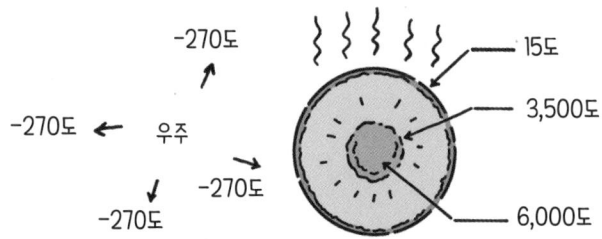

또 지구 내부는 압력도 높아. 중력 때문에 온갖 암석과 금속이 무게로
내리누르기 때문이지. 우리가 깊이 파고들어 가는 데 성공해도
압력 때문에 뼈도 못 추리고 찌그러질 거야.

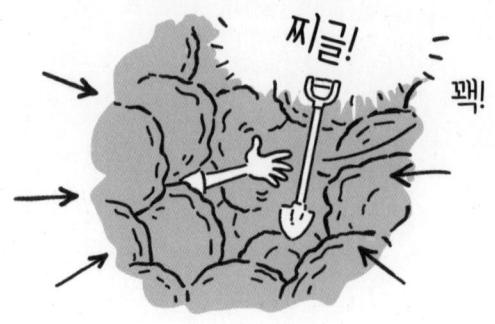

압력 얘기가 나와서 말인데……. 지금 내 배 속 압력이 장난 아니거든!

고모가 편하게 볼일 보라고 자리를 비켜 주었지만,
탁 트인 야외라 그런지 마음처럼 쉽지 않았어.
정말 배가 아픈데도 나오지 않았지.

나는 주의를 딴 데로 돌리려고 다른 생각을 했어. 지구 반대편까지 구멍을 뚫고 그 구멍에 똥을 눈다면, 똥은 어떻게 될까?

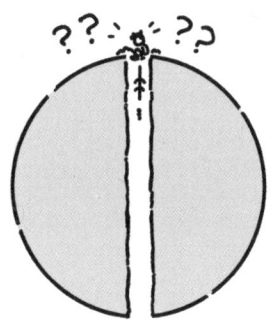

학교에서 선생님이 이런 질문을 한다면 수업에 더 집중할 수 있을 거야.
보통 철수 혹은 영희라는 아이가 사과를 한 봉지 샀는데,
친구들과 함께 나눠 먹으려면 어떻게 해야 하는지 같은 걸 물어보잖아.
왜 선생님들은 사과보다 더 중요한 것이 있다는 사실을 모를까?

이 질문은 우주에 관한 질문인 것 같아서 에비의 아빠이자
천체 물리학자인 하워드 박사님에게 전화를 걸었어.
인도로 이사 가셨지만 과학에 관한 질문은
물어봐도 좋다고 하셨거든. 우리의 대화는 이렇게 이어졌지.

"오랜만이구나, 올리버."

"안녕하세요, 하워드 박사님!"

"설마 이번에도 화장실 안에서 전화한 건 아니겠지?"

"당연히 아니죠!"
(정확히 말하면 화장실 '안'에 있는 건 아니니까.)

"좋아. 이번엔 뭐가 궁금하니?"

박사님에게 지금 외딴 곳에서 캠핑을 하고 있다고 말하고,
지구 반대편까지 뚫려 있는 구멍 속으로 무언가를 떨어뜨리면
무슨 일이 일어나는지 물었어.

박사님은 뭔가 미심쩍은 목소리로 말했어.

"그 구멍에 뭘 떨어뜨리는데?"

"그게……. 아, 사과요."

"얼마나 큰 사과인데?"

"아주 큰 사과예요."

변명을 하자면 구멍 속으로 떨어뜨리려고 하는 것이 무엇인지 박사님에게 말하는 게 별로 도움이 되지 않을 거라고 생각했어.

박사님은 북극에서 남극까지 구멍이 뚫려 있고, 사과가 지구 내부의 열과 압력을 버틸 수 있고, 떨어지는 사과의 속도를 늦출 공기가 구멍 속에 없다고 가정하면 이런 일이 일어날 거라고 하셨지.

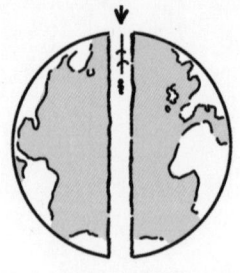

그…, 사과는 중력 때문에
지구 중심을 향해 떨어질 거야.

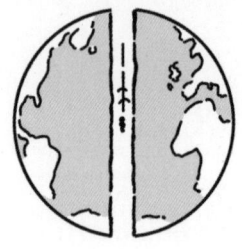

지구 중심에 이를 땐 속도가
엄청나게 빠르겠지.

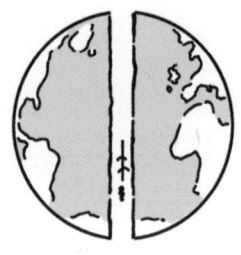

지구 중심을 지나친 이후에는
속도가 점점 느려질 거야.
중력이 다시 지구 중심을 향해
물체를 끌어당기니까.

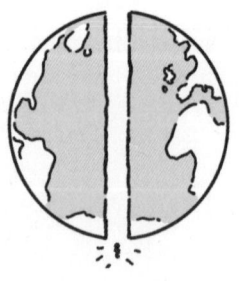

그러다가 느려지다가 지구 반대편에
도착할 때쯤 멈추겠지.

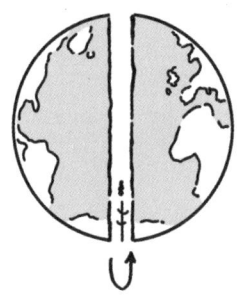

그리고 다시 구멍 속으로 떨어질 거야.

박사님은 '사과'가 한쪽 구멍과 반대쪽 구멍 사이를 오가며 영원히 떨어질 거라고 하셨어. 한쪽 구멍에 서 있으면 사과가 구멍에서 튀어나왔다가 다시 떨어지는 모습을 영원히 반복해서 보게 될 거래. 구멍으로 튀어나온 사과를 중력이 계속해서 반대쪽으로 끌어당기니까.

똥은 떨어지는 걸 멈추지 않는다는 말이야!
영원히 떨어지는 똥이라니! 생각만 해도 웃기지 않아?
그때 하워드 박사님이 어떻게 전화를 할 수 있는지 물으셨어.

아주 외딴 곳이라며?
전파가 잡히니?

그러고 보니 이상했어. 주변을 살펴봤지.
근처에 우거진 나무와 덤불이 있어서 그 뒤로 걸어가 보니,
세상에나, 그곳에 화장실이 있었어!

외딴 곳이 아니라 캠핑장 바로 옆이었어.
아마 고모가 날 골탕 먹이려고 거짓말을 했나 봐.
내 할 일을 고모에게 떠넘기려고 했으니까 말이야.
그래도 상관없었어. 화장실이 있다는 사실이 그저 기뻤거든.

고모에게 화장실을 찾았다고 말하지 않았어.
내가 교훈을 배웠다고 생각하게 놔두는 편이 낫다고 생각했지.

재미있는 게 뭔지 알아? 정말로 배운 게 있다는 거야.
지구가 여러 층으로 이루어져 있고, 지구의 내부는 엄청 뜨겁다는 것을
배웠지. 그리고 그보다 더 중요한 걸 깨달았어.
캠핑 가기 전에는 타코를 많이 먹지 말아야 한다는 게!

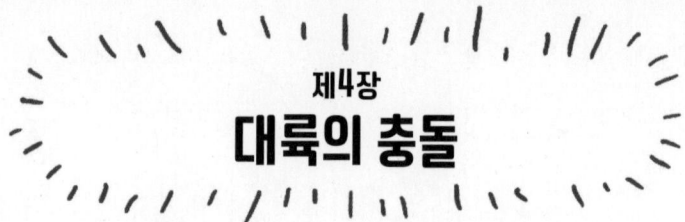

제4장
대륙의 충돌

이런! 학교에서 길을 잃다니!

새 학년이 된지 몇 달이 지났는데 교실이 어디인지 모르는 게 말이 돼? 내 얘기 좀 들어 봐. 우리 학교는 복잡해서 모퉁이 하나라도 잘못 돌면 어디가 어딘지 알 수가 없어. 지금까지 내가 알아낸 걸 말해 줄게.

우선 우리 학교에는 교실이 수백만 개쯤 있는 것 같아.
음, 솔직히 말하면 예닐곱 개 정도 돼.

중요한 건 하루 종일 같은 교실에서 수업을 듣는 것이 아니라
과목마다 교실이 다르다는 거야. 선생님은 교실에 앉아서
아이들이 오기만 기다리면 돼. 이게 말이 돼?

개학일까지 어느 교실로 가야 하는지 알 수 없었어.
수업 시간표를 받고 나서야 가야 할 교실을 찾으려고 난리법석이었지.

시간표가 아이들마다 달라서 친구를 무작정 쫓아가도 안 돼.
스스로 교실을 찾아야 했지.

학년이 올라가니 성적도 신경써야 해.
어렸을 때는 성적표에 쓸 수 있는 말이 세 가지 뿐이었지.

☆ 훌륭해!

☆ 괜찮네.

☆ 제발 엉뚱한 짓 좀 그만하렴.

이제는 과목마다 성적을 매겨. 그 성적은 생활 기록부에 영원히 남겠지.
그건 나중에 내가 일자리를 구할 때 누군가 내 스페인어 성적이
D라는 걸 알게 된다는 말이야.

이런 시시콜콜한 이야기까지 하는 건 학교에서 길을 잃지 않으려고
필사적으로 노력한 이유를 설명하기 위해서야.
며칠 전 스벤에게 과학 탐구 대회에서 우승해서
'역대급 구토 소년' 이미지를 지우자고 말했어.
스벤도 좋은 생각이라고 했지.

하지만 스벤은 내 계획에 문제가 있다고 했어.
아주 큰 문제였지. 그건 바로······.

애나는 과학 수업을 같이 듣는 여학생이야.
스벤은 애나가 과학 탐구 대회에서 3년 연속 우승했으며,
얼마나 뛰어난지 중학교 과학 탐구 대회까지 나가
우승할 정도라고 말했어. 정말 과학에 진심인 아이인가 봐.

모두 과학 탐구 대회에서 애나가 우승할 거라고 예상했어.
애나하고 말해 본 적 없는 나도 애나가 누군지 알고 있을 정도였지.

발렌시아 선생님은 매주 월요일마다 깜짝 퀴즈를 내고 정답을 맞히는 사람에게 추가 점수를 주셔.

선생님이 요즘 우주에 관한 질문을 많이 하셔서 내가 손을 들 일이 많았지. 하지만 항상 먼저 손을 드는 사람은 애나였어.

내게는 답할 기회조차 없었어. 나야말로 천왕성 전문가인데 말이야!

스벤은 과학 탐구 대회에서 애나를 이기는 건
정말 힘들 것 같다고 했어. 하지만 내 생각은 달라.
심사 위원 중 한 명인 발렌시아 선생님이 내 팬이니까
혹시 기대해 볼 수도 있지 않을까?

오늘 내가 교실을 찾으려고 서두르는 이유가 바로 깜짝 퀴즈 때문이야.
평상시에는 서두르지 않거든. 하지만 오늘은 월요일.
발렌시아 선생님이 퀴즈를 내기 전에 교실에 도착해야 해.
늦으면 애나가 정답을 맞히고 점수를 얻을 거야.

그런데 한 가지 문제가 생겼어. 학교 시스템의 오류로 교실이 바뀐 거야.
어느 교실로 가야 할지 알 수 없었어.
지난밤에 학생들에게 이메일로 이 사실을 알렸나 봐.
하지만 난 이제 열두 살이야!
일요일 밤에 이메일을 확인하는 열두 살짜리 애가 있겠어?

교실 지도가 있었지만 쓸모가 없었어.

그런데 지구의 대륙도 위치가 바뀐다는 거 알아?
고모는 내 책에 이 이야기를 꼭 실어야 한다고 했어.
북아메리카, 남아메리카, 아프리카, 유럽, 아시아, 오세아니아 대륙과
남극 대륙은 늘 같은 자리에 있지 않아.

우리가 발을 딛고 서 있는 대륙이 움직인다니 이상할 거야.
하지만 실제로 그런 일이 일어나고 있어.
과학자들은 남아메리카 대륙과 아프리카 대륙을 나란히 붙여 놓으면
퍼즐 조각처럼 딱 맞아떨어지는 것을 발견하고,
대륙이 움직인다고 생각했대.

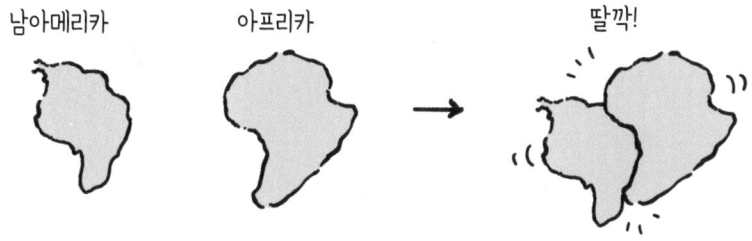

대륙들을 이리저리 움직이면서 맞춰 보면 하나의 거대한 대륙이 만들어져.

뿐만 아니라 남아메리카 대륙과 아프리카 대륙 경계에서
같은 종류의 암석이 발견되었어.

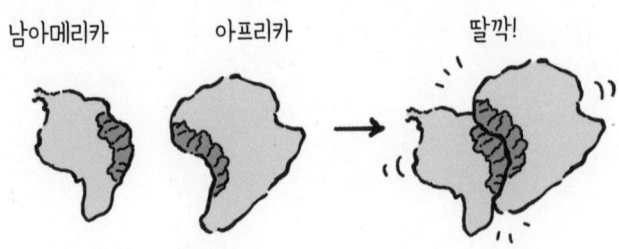

마치 조각 모양과 그림을 맞추는 퍼즐하고 비슷해.
과학자들은 약 2억 5,000만 년 전에 거대한 하나의 대륙인 '판게아'가
있었는데, 판게아가 서로 쪼개지면서 지금과 같은 대륙으로
나뉘게 되었을 거래.

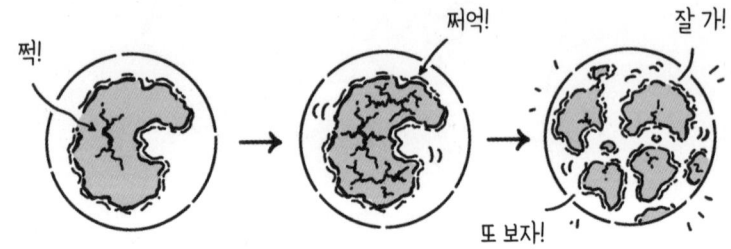

이 이야기를 듣자 팬케이크를 만들었던 경험이 떠올랐어.
팬케이크를 여러 개 구우려니 너무 오래 걸려서 **크게** 한 장으로
만들려고 했지. 하지만 팬케이크를 뒤집으려다 놓쳐서 찢어지고 말았어.

그러니까 내 말은 찢어진 팬케이크처럼 2억 5,000만 년 전에 만든 세계 지도는 지금 전혀 쓸모없다는 거야. 모두 움직여 버렸으니까.

교실 지도 역시 쓸모없기는 마찬가지야.
설상가상으로 댄 아저씨에게 들키지 않게 조심해야 했어.

교실을 찾으려고 정신없이 돌아다니다 보니 수업 시작 종이 울렸어.

댄 아저씨에게 들키면 골치 아플 거야.

수업 시간에 별 이유 없이 복도에 나온 아이들을 단속하시거든.

점심시간에 불려 가서 혼나지. 나도 거의 그럴 뻔했어.

막 들키려던 참에 아무 문이나 열고 들어갔어.

불행히도 메사 선생님의 고대 메소포타미아 역사 수업 교실이었어.
선생님이 곱지 않은 시선으로 바라보셨지.

교실을 나오기 전에 발렌시아 선생님의 수업 교실이 어딘지 물어봤어.
누군가 복도를 따라가면 있을 거라고 했어.
하지만 쉽지 않았지. 댄 아저씨한테 들키지 않고 지나가야 했거든.

그 순간 고모가 대륙이 미끄러지듯 움직인다고 말했던 게 생각났어.
다행히 월요일이라 복도 바닥이 반질반질하게 닦여 있었지.

나는 죽기 살기로 슬라이딩했지.

정말 아슬아슬했어.
지구가 만들어질 때 음료수에 든 얼음처럼 가벼운 암석이
제일 위에 떠오른다고 한 거 기억나?

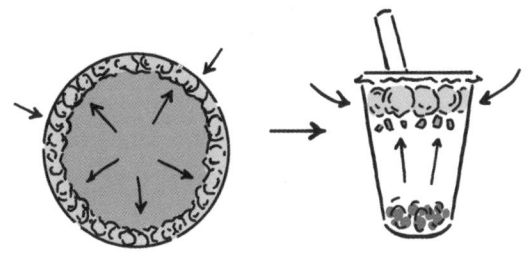

지구 내부에서도 비슷한 일이 일어나. 대륙은 무겁고 커다란 암석 덩어리인 '판' 위에 있어. 그래서 판이 움직일 때 대륙도 같이 움직이지.

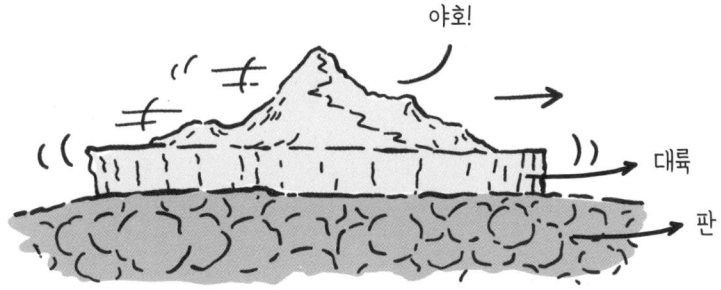

이것이 대륙이 움직이는 원리야. 지구는 둥근 공 모양이니까 대륙이 커다란 공 위에서 이쪽저쪽으로 미끄러진다고 말할 수 있지.

가끔 판끼리 충돌하기도 해! 약 5,000만 년 전에 그런 일이 일어났어. 인도판이 유라시아판을 들이받았지.

두 판이 충돌했을 때 땅이 솟아났는데, 이게 바로 히말라야산맥이야.

히말라야산맥에는 세계에서 가장 높은 에베레스트산을 비롯하여
높은 산들이 많지.

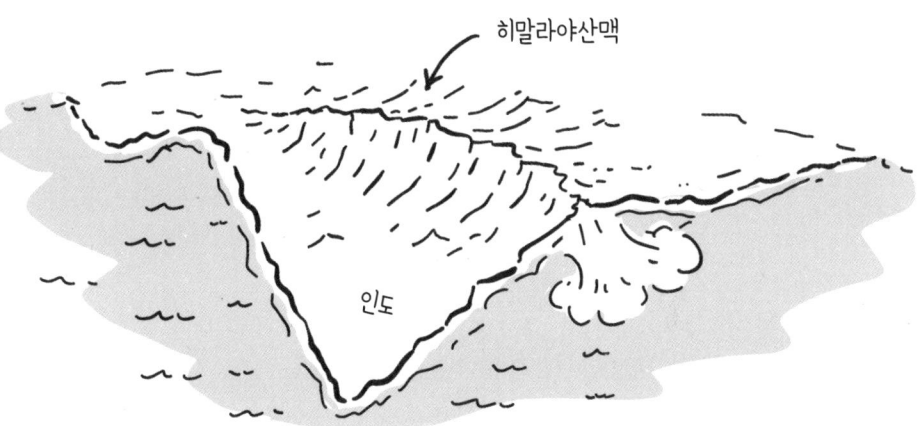

판끼리 만나도 충돌하지 않을 때도 있어.
한쪽 판이 다른 판 밑으로 파고드는 경우지.

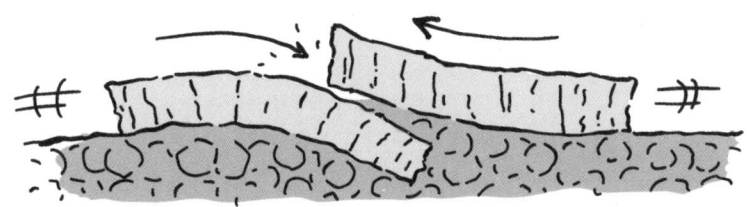

땅 밑에서는 항상 새로운 판이 만들어지고 있어. 지구 내부에서 솟구쳐 올라온 용암이 새로운 암석을 만들면서 원래 있던 판을 밀어내지.

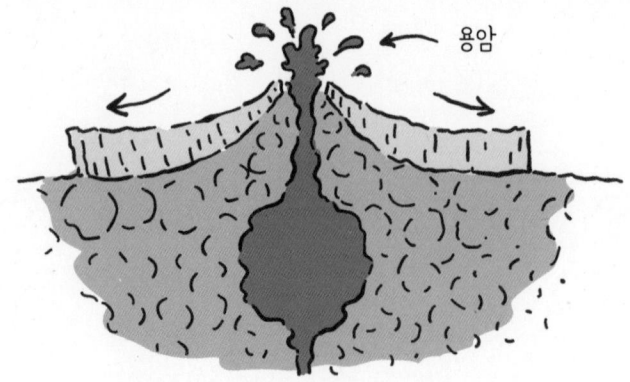

때로는 용암이 분출되면서 대륙을 갈라놓을 수도 있어! 거대한 하나의 대륙이었던 판게아에서 이런 일이 일어났지. 갈라진 틈 사이로 용암이 올라오면서 커다란 대륙을 쪼갰지.

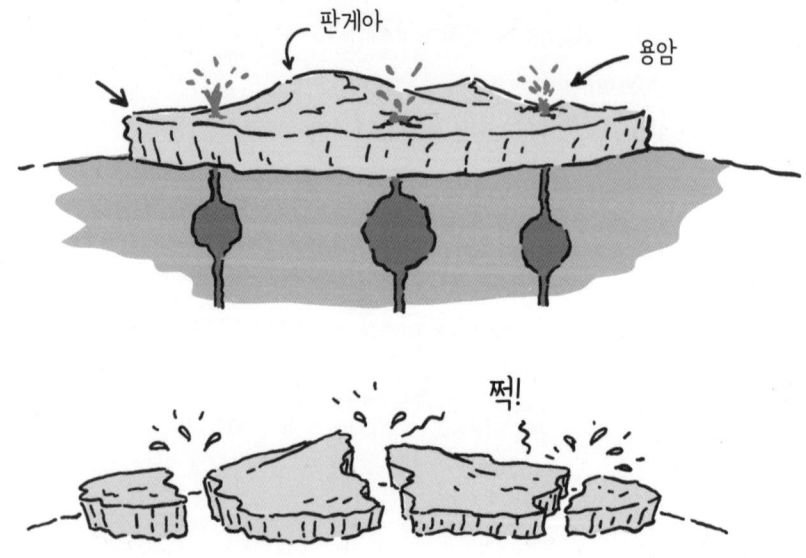

지구는 항상 변하고 있어. 지구가 만들어진 후 대륙은 끊임없이 움직였지. 서로 충돌하거나 밀어내고, 새롭게 생기거나 변형되기도 하면서 말이야.

고모는 지구 내부가 여전히 뜨겁기 때문에 대륙이 움직이는 거라고 했어. 내부의 열로 뜨거워진 암석이 표면 위로 떠올랐다가 식으면 다시 가라앉아. 이렇게 암석들이 지구 내부에서 솟아올랐다가 가라앉기를 반복하면서 대륙이 이리저리 움직이는 거야.

이런 일에는 지질학적 시간 개념이 적용되지. 엄청 느리게 일어난다는 뜻이야.
지금도 아메리카 대륙과 유럽 대륙은
1년에 2.5센티미터(◄――――►)의 속도로 멀어지고 있어.
1년마다 뉴욕과 런던이 2.5센티미터씩 멀어지는 거야.

사람의 발톱도 1년에 2.5센티미터 정도 자라.
대륙이 얼마나 느리게 움직이는지 짐작이 되지?
그래서 대륙이 움직이는 것을 우리가 알아차리기 힘든 거야.
하지만 수백만 년 동안 계속 움직인다고 생각해 봐!

더 빨리 움직이는 대륙도 있어. 미국 캘리포니아주 일부는 알래스카를 향해 1년에 5센티미터씩 움직이고 있어.

발렌시아 선생님 교실을 찾아낸 것도 충돌 덕분이었어.
복도를 열심히 뛰어가서 모퉁이를 도는데…….

스벤을 만났어! 스벤도 발렌시아 선생님 교실에서 나온 후 메사 선생님의 교실을 찾고 있었대.
덕분에 우리는 서로 가야 할 교실을 정확히 알려 줄 수 있었어.

눈썹이 휘날리게 달렸어. 정말이야.
발렌시아 선생님이 깜짝 퀴즈를 내기 전에 교실에 들어가야 했거든.
제시간에 도착하지 못하면 애나가 점수를 받을 거야.

나는 다짜고짜 교실 문을 열어젖히고 소리 질렀지.

그리고 나서 애나가 치과에 가느라 결석했다는 걸 알게 되었어.
발렌시아 선생님이 몸이 아파 결근하셨다는 것도.
교실에는 다른 선생님이 계셨어.

내가 말했지? 학교가 이렇다니까. 발밑에 있는 땅처럼 계속 바뀐다고.

제5장
록이 록을 하다

손이 왜 이렇게 느려 터졌을까? 빨리 좀 그리자!

이러다 A는 커녕 D도 받기 힘들겠어. 이게 다 만화책 때문이야.

내 얘기 좀 들어 봐.

곧 겨울 방학이 코앞이야. 얼른 책을 써야 한다는 뜻이지.

다행히 멋진 아이디어가 두 개나 있었어.

첫 번째, 이번 학기 마지막 과제로 **암석**에 관한 보고서를 쓰고

그 암석 보고서를 내 책에 넣으면 좋겠다고 생각했지!

이렇게 멋진 아이디어가 넘치는데 사람들은 왜 나를 찾지 않을까?

사실 암석에 대해서 생각해 본 적이 없어. 암석은 그냥 돌덩어리잖아.
고모에게 암석 보고서 쓰는 것을 도와 달라고 했더니
고모는 생각해 보겠다고 했어.

아무래도 다른 사람에게 부탁할까 봐.
고모는 도와주는 대가로 일 시키는 걸 너무 좋아해.

고모가 우리 집 창고에 오랫동안 보관하던 상자들을 옮겨 달라고 했어.

거절할 이유가 없었지. 별로 어렵지 않아 보였거든.

하지만 막상 상자 하나를 옮기려고 들자…….

이런, 꼼짝하지 않는 거야!

밀어도 보고 당겨도 봤지만 전혀 움직이지 않았어.

고모에게 상자에 뭐가 들었냐고 물었지. 고모는 한번 열어 보라고 했어.
세상에나, 상자 안에 돌이 가득 들어 있었어.

고모가 어릴 때부터 모은 암석 수집품이래.

취미 활동을 좀 가벼운 걸로 하지 그랬냐고 투덜댔지.

상자 안을 살펴보니 고모가 왜 암석을 모았는지 알겠더라.

매끈한 돌, 울퉁불퉁한 돌, 반점이 있는 돌, 반짝이는 돌, 줄무늬가 있는 돌.

하나하나 다르고 멋졌어.

고모는 암석마다 이야기가 있다고 했어.
화산 내부에서 만들어졌는지, 깊은 땅속이나 바다 밑바닥에서 만들어졌는지 같은 이야기지.

고모의 암석 수집품을 보니 내 만화책들이 생각났어.
나는 슈퍼 영웅 만화책을 수집하거든. 영웅이 어디서 왔고 어떻게 초능력을 갖게 되었는지, 만화책마다 다 다르지.

내가 어른이 돼서 미래의 조카들에게 만화책이 가득 담긴 상자를 옮겨 달라고 부탁하면 조카들도 똑같이 투덜대겠지.

그때 두 번째 아이디어가 떠올랐어.
암석 보고서를 만화책으로 만들어서 제출하는 거야.
장담하는데 발렌시아 선생님은 창의적인 생각이라며
추가 점수를 주실 거야.

물론 난 그림을 잘 그리지 못해. 하지만 그림을 잘 그리는 사람을 알고 있지.

에비도 재밌을 거 같다고 했어. 단, 확실히 해야 할 점이 있었지.

에비는 내 과제에 자기가 그림을 그려도 되는지 물었어.
에비에게 내가 만화 원고를 쓰니까 괜찮을 거라고 했지.
발렌시아 선생님도 다른 조건을 두진 않았다고 덧붙였어.

우주에 관한 만화를 그릴 때도 정말 재미있었으니 새 책에 넣을
암석 만화도 그려 달라고 설득했지.
이번에는 여러 암석이 함께 록 밴드를 결성하는 이야기로
만들자고 했어. 암석은 영어로 'Rock(록)'이니까
록끼리 록 음악을 하는 '록 밴드'가 딱이지.

에비에게 암석 만화 원고를 써서 보냈어.
이것이 에비가 보내온 그림이야.

정말 멋지지? 에비는 천재 화가야.
암석 만화에서 제일 먼저 다룬 암석은 **화성암**이야.
마그마가 차갑게 식어서 굳어진 암석이지.

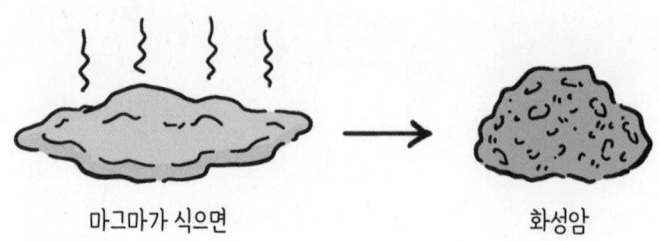

마그마가 식으면   화성암

고모는 화성암이 땅 표면 가까이에서 굳어져 만들어지기도 하고,
땅속 깊은 곳 커다란 마그마 방에서 굳어져
만들어지기도 한다고 했어.

화산암
(분출된 마그마가 굳어진 화성암)

심성암
(마그마 방에서 굳어진 화성암)

화산에서 분출된 용암이 찬 공기와 만나 아주 빠르게 식으면서 만들어진 암석은 유리처럼 보여서 **화산 유리**라고 해.
용암이 식어서 굳을 때 갇힌 기체가 거품처럼 팽창하면서 만들어진 암석이야.

땅속 깊은 곳에 있는 마그마 방에서 만들어진 암석은 마그마가 아주 느리게 식으면서 만들어져 알갱이가 눈에 보일 정도로 크지.
큰 알갱이로 이루어진 암석은 대부분 지하 마그마 방에서 만들어졌어.

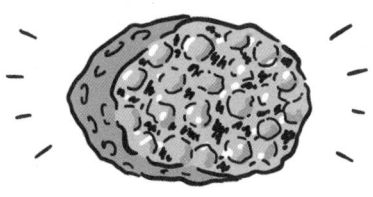

암석이 모두 화산 활동으로 만들어지는 건 아니야.
우리가 이번에 다룰 암석은 **퇴적암**이야.

퇴적암은 아주 쿨한 암석이야. 마그마처럼 뜨겁지 않다는 뜻이야.
퇴적암은 보통 바다나 호수 밑바닥에서 만들어져. 아주 싸늘한 곳이지.

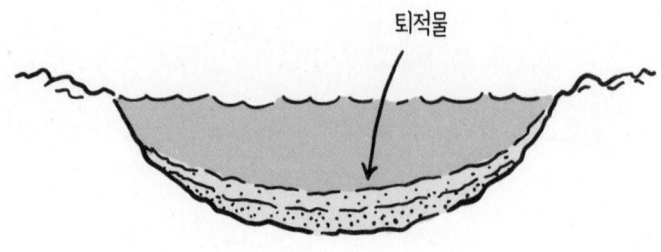

강의 하류나 바닷속으로 흘러든 자갈이나 모래는
쌓일수록 누르는 압력이 커지면서 단단해져. 또 물속에 녹아 있는
물질이 접착제처럼 자갈이나 모래 사이사이를 메우면서
단단하게 굳어 퇴적암이 돼.

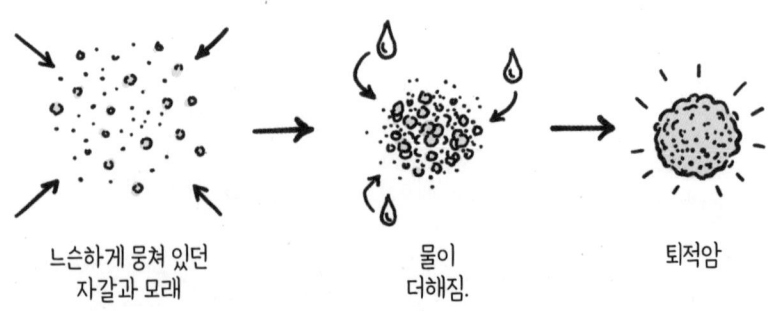

모래나 진흙처럼 작은 알갱이로 이루어진 퇴적암도 있고,
자갈처럼 큰 알갱이로 이루어진 퇴적암도 있어.
조개껍데기가 쌓여 만들어진 암석도 있지.

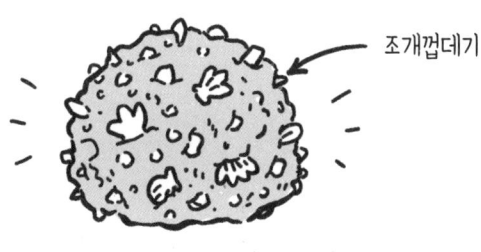
조개껍데기

모래나 자갈들이 한데 뭉쳐 있는 암석을 발견하면, 아마도 퇴적암일 거야.

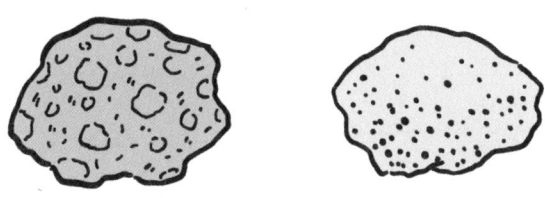

우리가 다룰 마지막 암석은 **변성암**이야. 이름부터 스타 같지?

변성암은 화성암이나 퇴적암이 땅 밑 깊은 곳에 깔리거나
충돌하는 판 사이에 끼일 때 만들어져.

열과 압력으로 더 단단하고 강한 암석이 되지.

이 과정에서 암석에 선명한 무늬가 생겨.
줄무늬나 소용돌이무늬가 있는 암석을 발견한다면 변성암일 거야.

 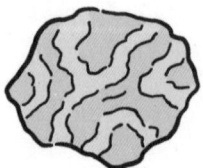

하지만 변성암이 영원히 변성암이란 법은 없어.
암석은 다른 암석으로 변할 수 있어. 정말 멋지지?

퇴적암이나 변성암이 아주 뜨거워지면 마그마로 녹아.
그리고 다시 식으면 화성암이 돼.

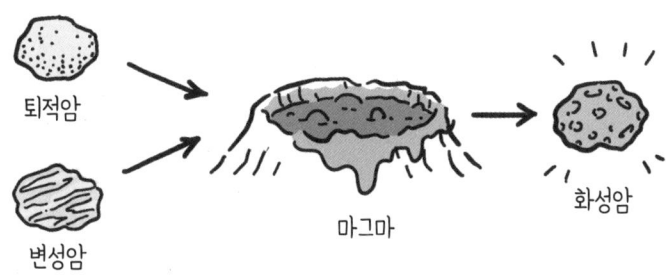

화성암이나 변성암이 깨지거나 햇빛, 공기, 물, 생물에 의해 부서지면 자갈이나 모래가 돼. 자갈이나 모래가 호수나 바다로 흘러가 쌓이면 퇴적암이 되지.

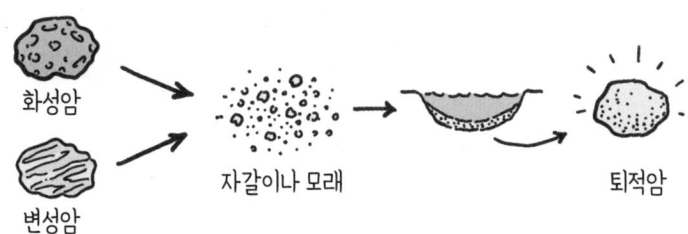

이렇게 만들어진 화성암이나 퇴적암이 땅 밑 깊은 곳 또는 판 사이에 끼면 변성암이 될 수도 있지.

고모는 이런 일이 늘 일어나며 암석들도 계속 변화한다고 했어.
암석이 계속 종류를 바꿔 가며 태어난다고 해서
과학자들은 이것을 **암석의 순환**이라고 부른대.

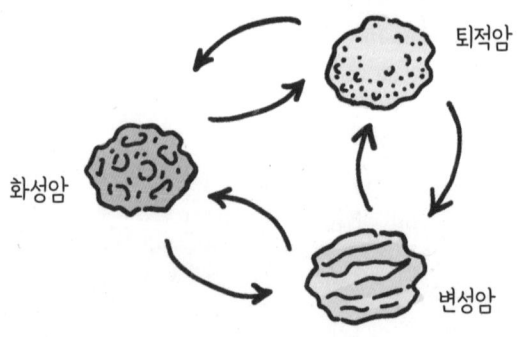

암석 만화는 여기까지야! 지구에 있는 암석은 화성암, 퇴적암, 변성암 중 하나지. 에비가 그려 준 그림이 정말 마음에 들었어.

신이 나서 과학 수업이 시작하기 전에 아이들에게 만화를 보여 줬어.

애나에게도 보여 줬어.

그런데 내가 생각했던 반응이 아니었어.

처음에는 애나가 과민 반응한다고 생각했지. 그런데 문득 걱정이 되었어.
'역대급 록 밴드'라는 아이디어가 너무 과했나 싶었지.
발렌시아 선생님이 좋아하시지 않으면 어쩌지?

인디언 머리를 한 암석이 말하고 전자 기타까지 연주하는 설정 때문에
공상 만화 같다고 생각하시면 어떡하지?

재빨리 머리를 굴렸어. 수업이 곧 시작할 거라 마음이 급했지.
발렌시아 선생님은 교실에 들어오자마자 과제부터 걷어 가시거든.

종이! 종이가 필요해!

위험을 감수하고 싶지는 않았어.
그래서 누군가 공책에서 뜯어 준 종이 몇 장에 최대한 빨리
그림을 그리기 시작했어.

으아!

급하게 록코라는 암석에 관한 짧은 이야기를 생각해 냈어.
에비만큼 재미있게 그리지는 못했지만 꽤 잘 그렸다고 생각해.

좋았어. 에비가 그린 만화와 내가 그린 만화를 구분할 수 있겠지?
중요한 건 보고서를 제출했다는 거야.

진짜 아슬아슬했어.

며칠 후 발렌시아 선생님이 보고서를 돌려주셨어.
물론 애나는 A를 받았지.

나는 D를 받진 않았지만 A도 아니었어.
만화를 고치지 않았으면 A를 받았을 거야.

이게 다 애나 리아 킨테로 때문이야.

제6장
거대한 트림

윽! 숨을 못 쉬겠어!

오늘 아침 내 모습이야. 걱정 마. 살아남았으니까.
하마터면 큰일 날 뻔했지. 오늘은 발렌시아 선생님과 함께
자연 탐사 현장 학습을 가기로 한 날이었어.
가기 전에 나는 아주 중요한 질문을 했지.

거기에 화장실이 있어요?

발렌시아 선생님은 그곳에 화장실이 있을 거라고 하셨어.
하지만 혹시 몰라서 전날 밤에 타코를 입에도 대지 않았어.
그런데 스벤은 아침에 부리토를 먹었대.

못 살아! 이미 구토 소년이라고 알려졌는데
이제 설사 소년이라고 소문나게 생겼어.

스쿨버스를 기다리고 있는데 애나가 종이를 잔뜩 들고 지나갔어.
암석 만화 일로 나는 여전히 애나를 의심하고 있었지.
스벤이 애나에게 인사했어.

스벤은 지난달에 애나와 영어 수업 과제를 함께했대.

애나는 아무런 대꾸도 없이 빠르게 걸어갔어.

조금 이상했지만 이유를 알 것 같았지.

스벤에게 애나가 뭘 준비하고 있는지 알아내야 한다고 말했어.

책 이야기가 나온 김에 다음에 무슨 이야기를 쓸지 말해 줄게.
바로 **공기**야. 늘 우리 주변에 있는 공기 덕분에 우리는 숨을 쉴 수 있지.
내가 공기에 대해 쓰려고 한 이유는 스쿨버스에 올라타자마자
냄새가 났기 때문이야.

우리가 탄 스쿨버스에 고등학생이 많이 탔었나 봐. 공기가 탁하더라고.

누군가 스쿨버스 기사님에게 창문을 열어도 되냐고 물었는데
기사님은 비상 상황에만 열 수 있다고 하셨어.
퀴퀴한 고등학생 냄새야말로 비상 상황이었는데
스쿨버스 기사님의 생각은 다르신가 봐.
아니면 그 냄새에 익숙해졌을지도 모르지.

며칠 전 고모와 대화하다가 말 그대로 공기가 '떠올랐어'.
탄산음료를 마시면서 얘기했는데 트림 대회가 되고 말았거든.

고모가 트림을 하더니 공기가 생각났나 봐. 갑자기 책에 공기에 대해서도 써야 한다고 했어. 지구가 용암, 암석, 금속으로만 이루어진 게 아니래. 지구에는 공기도 있대. 그런데 공기가 항상 있었던 것은 아니지. 있었다가 없어졌다가 다시 생긴 거라고 했어.

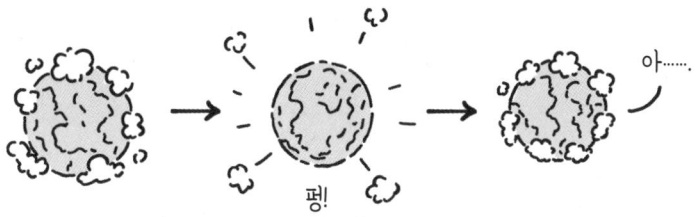

고모는 지구가 만들어졌을 무렵 태양계에 떠다니던 가스에서 생긴 약간의 공기가 지구 표면에 머물렀을 거래.

암석을 뭉쳐서 지구를 만든 중력이 가스도 덩어리로 뭉쳐 놓았을 거야. 하지만 태양이 타오르기 시작하면서 강한 빛을 뿜어내는 바람에 가스들이 모두 날아가 버렸지.

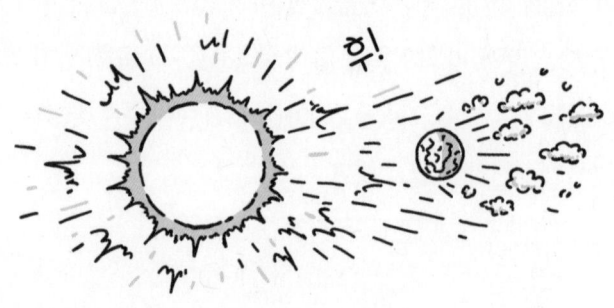

그 바람에 지구에는 공기가 전혀 남아 있지 않았어.

그때 암석과 마그마에 갇혀 있던 가스가 나오기 시작했지. 어떻게 나왔냐고? 화산 활동을 통해서!

화산이 폭발할 때 가스가 부글거리며 빠져나왔어. 이런 일이 수백만 년 동안 이어졌고 오늘날 지구에 있는 공기가 거의 만들어졌지. 그러니까 지구가 화산의 트림을 통해 공기를 다시 찾았다는 이야기야.

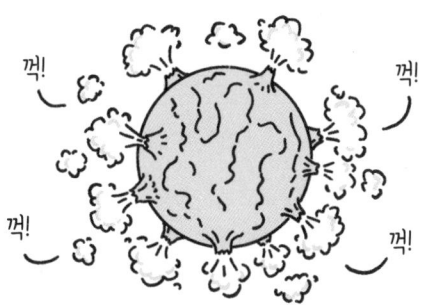

하지만 이때는 공기에 산소가 없어서 숨을 쉴 수는 없었을 거야. 우리가 살아남는 데 가장 중요한 기체는 산소야. 그럼 산소는 어디서 왔을까? 바로 세균의 **방귀**에서 나왔어.

약 40억 년 전에 지구에 바다가 생겼어.
그리고 바다에서 **남세균**이라는 작은 세균이 자랐지.

남세균은 기체와 햇빛을 이용해 산소를 만들어 마치 방귀를 뀌듯 내뿜었어.

남세균이 10억 년 정도 계속 방귀를 뀌자 공기 속에 산소가 아주 많아졌지.

우리가 숨 쉬는 공기는 화산의 트림과 세균의 방귀에서 나왔다는 말씀!
다행히 공기 냄새는 항상 감자 칩과 양파 소스 냄새가 나는
로니 코너의 트림 냄새처럼 강하지는 않아.
로니 바로 앞에 앉아 있어서 공기 냄새에 대해 생각할 수밖에 없었지.

애나는 버스 뒤쪽에 앉아 있었어. 스벤에게 애나의 과학 탐구 주제가
무엇인지 알아내자고 말했어.

마침 발렌시아 선생님이 다른 스쿨버스에 타고 계셔서 좋은 기회였지.

몰래 애나가 앉은 자리로 가서 무엇을 하고 있는지 슬쩍 훔쳐보기로 했어. 조용히 애나에게 다가갔어. 애나는 너무 바빠서 우리가 옆을 지나가도 눈치채지 못할 것 같았지.

하지만 바로 스쿨버스 기사님에게 들키고 말았어.

스쿨버스 기사님은 초능력이 있는 게 틀림없어. 퀴퀴한 냄새도 잘 견디고 아이들이 돌아다니는 것도 귀신같이 알아차리는 능력 말이야.
다행히 애나와 가까운 자리에 앉을 수 있었어.

하지만 이젠 꼼짝없이 갇혀 버렸지. 일어나면 스쿨버스 기사님에게 다시 들킬 테고, 그러면 애나도 눈치챌 거야. 그럼 방법은 하나!
기어서 가는 수밖에 없었지.

우리는 좌석 아래로 기어가기 시작했어.

정말 끔찍했어. 온갖 더러운 쓰레기가 가득한 바닥을 기어가야 했어.
아이들도 어찌나 소란스러운지 난장판이었지.
과자 부스러기와 종이 뭉치가 계속 머리 위로 날아왔어.

지구처럼 우리에게도 보호막이 있었으면 좋겠다고 생각했어.

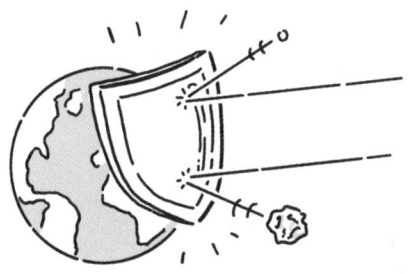

고모가 알려 준 지구의 보호막에 대해 설명하려면 대기에 대해 알아야 해. 과학자들은 지구를 둘러싼 공기를 **대기**라고 불러. 지구를 둘러싼 공기라니, 엄청나게 많겠지?
지구 표면의 공기를 1리터짜리 음료수 병에 담으면
4,200,000,000,000,000,000,000개 정도 돼.

4,200,000,000,000,000,000,000개의
1리터 음료수 병

엄청 많아 보이지만, 막상 지구의 크기와 비교해 보면 그렇지도 않아.
영국 땅 크기만 한 병이 있다면 담을 수 있을 정도이지.
영국 땅을 지구 옆에 나란히 놓으면 아주 작지.

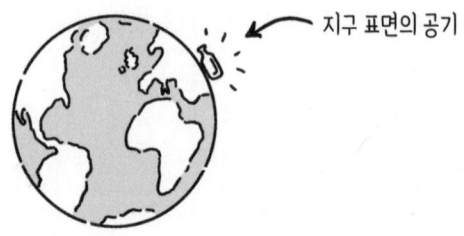

지구 표면의 공기

공기를 지구 둘레에 고르게 펼쳐 놓으면 아주 얇아.
지구가 사과라면 대기는 대략 사과 껍질 정도야.

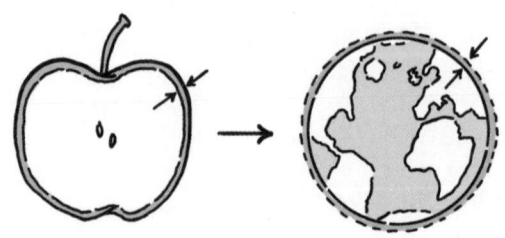

'대략'이라고 말한 이유는 대기가 고르지 않고 경계도 분명하지 않아서야.
적도 근처의 대기는 다른 데보다 더 두껍고,
우주와 만나는 경계 부분의 대기는 정말 희박하거든.

대기가 얇긴 해도, 우주에서 날아오는 온갖 해로운 것들로부터
지구를 보호해 주지.

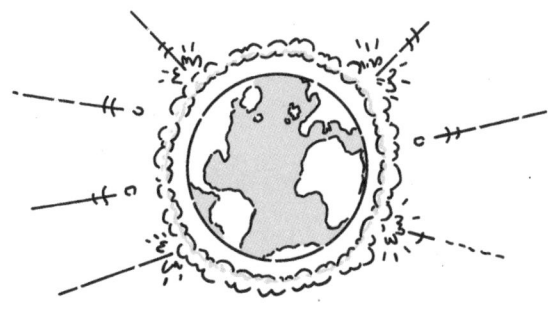

과학자들은 대기를 크게 4개의 층으로 나누고 있어.
대기층마다 역할이 다 달라.

제일 위쪽에 위치한 대기층을 **열권**이라고 해.
태양으로부터 쏟아지는 방사선과 그밖에 해로운 광선을 막아 주지.

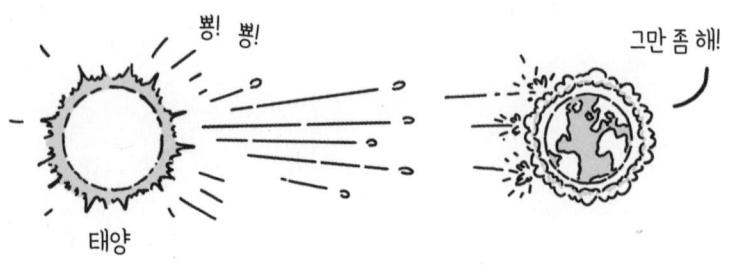

열권 아래층은 **중간권**이야. 우주에서 날아오는 암석을 막아 줘.

빛을 내며 지구로 떨어지는 작은 물체인 유성은 중간권을 통과하면서 공기와 마찰을 일으켜 녹거나 불타서 사라지지.
중간권이 없다면 유성이 비처럼 쏟아질 거야.

중간권 아래층은 **성층권**이야. 성층권은 지구의 선크림이라고 할 수 있지.
성층권에는 특별한 기체인 오존이 있거든.

오존은 자외선을 흡수해. 자외선 때문에 우리 피부가 새까맣게 타지.

성층권이 없다면 우리는 심한 화상을 입을 거야.

성층권 아래층은 **대류권**이야.

우리가 살고 있는 곳과 가장 가까운 대기층이지.

공기와 구름은 대부분 대류권에 있어.

커다란 담요처럼 차가운 우주로부터 지구를 따뜻하게 보호해 줘.

따뜻하니 좋네!

대류권이 없다면 달이나 화성에서처럼 지구에서도 숨을 쉴 수 없을 거야.
또 낮에는 **엄청 뜨겁고**, 밤에는 **엄청 춥겠지**.

아쉽게도 좌석 밑에 있는 우리를 보호해 줄 대기는 없었어. 좌석 밑에서 올라왔을 때 과자 부스러기가 온몸에 묻어 있었지.

그래도 다행히 애나를 지나 스쿨버스 뒤쪽으로 가는 데 성공했어.

이제 애나가 있는 반대쪽 창가 자리로 건너가기만 하면 성공이었지.

우리는 애나 뒷자리에 앉았어.
애나가 무엇을 하고 있는지 살펴볼 절호의 기회였어.

그때 갑자기 애나가 소리를 질렀어.

처음엔 몰랐는데 점점 이상한 냄새가 났어.

그 냄새는…….

뒤쪽에서 냄새가 났기 때문에 아이들은 스쿨버스 앞쪽으로 달려갔어.

그 모습을 보니 날씨가 떠올랐어.

고모는 공기의 움직임 때문에 날씨의 변화가 생긴다고 했거든.

햇빛은 지구를 따뜻하게 덥히지. 하지만 지구가 골고루 따뜻해지진 않아.
태양과 가까운 적도 부근이 더 뜨겁지.

땅이 바다보다 더 빨리 뜨거워져. 흙과 암석이 물보다 더 빨리 가열되거든.

가열되면 그곳의 공기도 따뜻해져. 따뜻한 공기는 팽창하면서 가벼워져 위로 올라가지. 그러면 빈자리로 찬 공기가 이동해.
공기가 움직이면서 바람이 부는 거야.

고모는 찬 공기와 뜨거운 공기가 움직이면서 날씨의 변화가
일어난다고 했어. 차고 습한 바람이 바다에서 육지로 불면
따뜻한 육지의 공기가 수증기와 함께 위로 올라가.
위로 올라가면서 차가워진 수증기는 작은 물방울로 응결되어 구름이 되지.
구름 속 물방울이 합쳐져서 무거워지면 비로 내리는 거야.

뜨거운 공기가 찬 공기를 만나 위로 상승하는 과정에서 강력한 소용돌이가 생기기도 해. 무시무시한 토네이도나 태풍은 이렇게 발생하지.

하지만 스쿨버스에서는 아이들이 이동해도 아무 변화가 없었어. 창문이 모두 닫혀 있어서 냄새가 빠져나갈 구멍이 없었거든.

여전히 나는 냄새를 맡으며 창문이 닫힌 스쿨버스 상황과 대기가 비슷하다고 생각했어. 지구의 중력이 대기를 붙잡아 두고 빠져나가지 못하게 하니까 말이야. 우리가 대기에 나쁜 것을 배출하면 스스로 그 속에 갇히는 셈이지.

기름이나 석탄을 태울 때 나오는 가스가 지구를 뜨겁게 만든대.

소의 방귀에서 나오는 메탄가스도 지구를 뜨겁게 만들지.
참 고약한 가스야.

과학자들은 이렇게 지구가 뜨거워지는 것을 **기후 변화** 혹은 **지구 온난화**라고 불러. 조심하지 않으면 지구도 금성과 비슷해질지 몰라. 금성은 두꺼운 대기로 둘러싸여 있어서 온도가 무려 475도까지 올라가지.

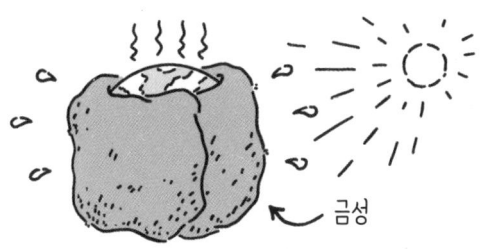

금성

모두들 버스 뒤쪽에 있던 스벤과 내가 냄새의 범인이라 생각했어. 나도 스벤이 범인이라고 생각했지.

그러니까 왜 콩 부리토를 먹었어?

나 아니야!

이제 정말 희망이 없다고 생각했어. 이제 우리는 학교 다니는 내내 '구토와 방귀 소년들'이라고 놀림을 받겠지. 그때 스벤이 외쳤어!

고등학생이 스쿨버스에 놓고 간 계란 샌드위치였어!
스벤이 좌석 밑으로 기어가다가 계란 샌드위치가 든 박스를 발로 차서 뚜껑이 열린 게 분명해. 방귀 냄새가 아니라 계란 썩은 냄새였지.

자연 탐사 현장에 도착했어. 드디어 신선한 공기를 마실 수 있을 줄 알았지.

하지만 우리 예상과는 다르게 찬 공기와 뜨거운 공기가 이동하는 중이었어.

비가 내리기 시작했어!

우린 내리자마자 축축하고 냄새나는 스쿨버스에 다시 타야 했지.

돌아오는 길이 유난히 길게 느껴졌어.

하지만 자연 탐사 현장 학습이 완전히 실패한 건 아니었어.

스쿨버스를 타고 돌아오는 동안

애나의 과학 탐구 주제에 관한 단서를 잡았거든.

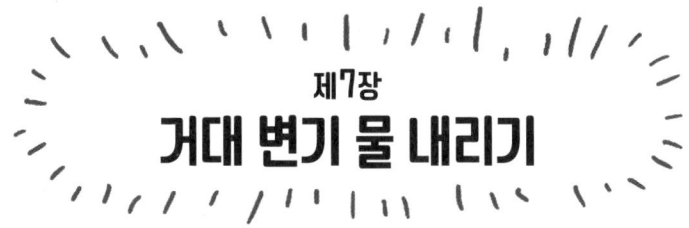

제7장
거대 변기 물 내리기

이제부터 집중해! 암석을 잔뜩 먹고 물에 빠져 죽을 뻔한 이야기를 해 줄게.

과학 탐구 대회가 한 주밖에 남지 않았어.

아무래도 책이 너무 얇아 보여 내용을 더 써야 할 것 같았지.

이 책

그림을 잔뜩 추가하려고 했어.
그런데 별로 좋은 생각이 아닌 것 같다고 스벤이 말했지.

그래서 바다에 대해 더 쓸까 해. 화산과 지구를 다룬 책에
바다 이야기를 넣는 게 이상하다고 생각할 수 있지만,
지구의 표면은 대부분 바다로 덮여 있어.

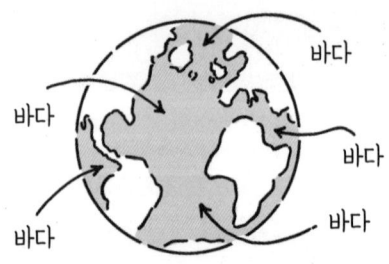

무려 지구 표면의 71퍼센트가 바다야.
외계인이 본다면 아마 지구에서 가장 중요한 건 바다라고 할 거야.

며칠 전 수영을 다녀오면서 바다에 대해 많이 알게 됐어. 고모가 수영하러 가자고 했을 때 아주 신이 났어. 수영을 정말 좋아하거든.

평소에 입던 수영복이 보이지 않아서 예전에 입던 것을 꺼냈지. 좀 낡았지만 늘려 입으면 그런대로 괜찮을 것 같았어.

하지만 깜짝 놀랐어. 우리가 도착한 곳은 바다였어.

오해하지는 마. 나는 바닷가 근처에 사는 것을 행운이라고 생각해. 어릴 때는 바다에 가는 걸 좋아했어. 하지만 지금은 모래가 너무 많아서 별로······. 베로니카는 여전히 바다를 좋아해.

우리는 바닷가에서 하루를 보내게 되었지.

처음엔 그냥 앉아서 쉬려고 했어. 금방 지루해지더라고.

그래서 내가 좋아하는 일을 하기로 했지. **동생 괴롭히기!**
동생이 만들고 있는 모래성 주변을 맴돌기 시작했어.

최대한 동생을 성가시게 하는 거야.
배우지 않아도 태어날 때부터 알고 있는 기술이지.

아뿔싸! 다리를 너무 크게 벌렸나 봐.

낡은 수영복 뒤쪽이 아주 대문짝만하게 찢어져 버렸어!

엉덩이가 시원하게 드러나고 말았지.

어쩔 수 없이 엉덩이를 숨길 수 있는 가장 가까운 곳으로 냅다 뛰었어.

바다로 뛰어들어 허리까지 담갔지.

찢어진 수영복은 감췄지만 이제 꼼짝없이 바다에 갇히고 말았어.
물에서 나오면 사람들이 내 엉덩이를 다 볼 거야.
구경거리가 되지 않고 빠져나갈 방법을 찾아야만 했어.
베로니카가 도와줄 리 없었지.

형제의 복수만큼 무서운 건 없어.

고모에게 도움을 청했지만 너무 멀어서 내 목소리가 들리지 않나 봐.

결국 있고 싶지 않은 곳에 갇히고 말았어.

내가 왜 바다 수영을 싫어하는지 말해 줄게.

첫 번째 이유 - 너무 짜!

한번은 바다에서 수영을 하다가 파도에 휩쓸리는 바람에 바닷물을 엄청 먹었어.

엄청 짰어. 얼마나 짠지 궁금하면
물 한 잔에 소금을 한 숟가락 넣어서 마셔 봐.

진짜 별로야. 그런데 **암석** 때문에 바닷물이 짠 거래.
물이 바다, 땅, 대기를 끊임없이 순환하는 현상을 **물의 순환**이라고
불러. 태양이 바다를 따뜻하게 덥히면 바닷물이 증발해 수증기가 돼.

수증기가 위로 올라가 차가워지면 서로 엉겨 붙어서 아주 작은 물방울이
만들어져. 이 물방울들이 모여 구름이 되고, 육지로 이동하지.

육지로 이동한 구름은 산을 타고 높이 올라가면서 온도가 낮아져. 그러면 구름 속 작은 물방울끼리 엉겨 붙어 점점 커지고 무거워지지. 그러다가 결국 비로 떨어지는 거야.

빗물이 산을 타고 흘러내리면서 강물이 되어 바다로 흘러가지.

높은 산에서 바다로 흐르는 물이 암석을 깎아 암석 부스러기를 만들어.

암석 부스러기는 강물을 따라 바다로 흘러들지.

아주 오래전에는 바닷물이 짜지 않았대.
수십억 년 동안 암석 부스러기가 바닷물에 녹으면서 짜게 변한 거지.
암석에는 소금의 주성분 중 하나인 나트륨이 들어 있거든.
바닷물을 마시면 암석을 마시는 것과 같아.

두 번째 이유 - 너무 깊어!

바다에서 수영하는 걸 좋아하지 않는 두 번째 이유는
바다가 소름 끼치게 깊기 때문이야.
수영장은 수심을 알 수 있는데 바다는 그 깊이를 알 수 없지.

한번은 파도를 타며 놀다가 발이 바닥에 닿지 않는다는 걸 알았어.

덜컥 겁이 났지. 바다가 얼마나 깊은지 생각해 본 적 있어? 정말 깊어. 얕은 곳도 있긴 하지. 얕은 곳의 수심은 100~200미터 정도야.

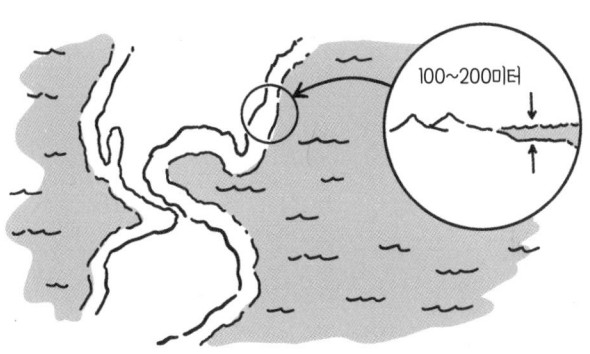

주로 대륙 주변의 바다가 얕은데, 이런 곳을 **대륙붕**이라고 해. 완만한 대륙붕을 지나면 경사진 **대륙 사면**이 이어지다가 깊은 **심해 평원**에 이르지.

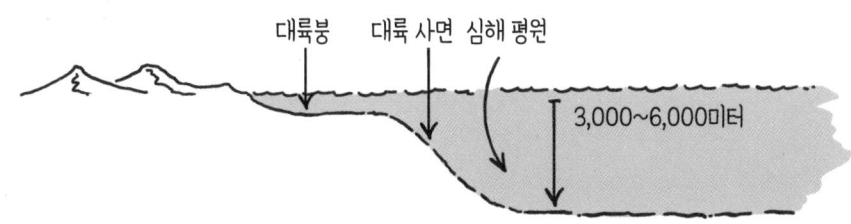

심해 평원의 깊이는 3,000~6,000미터 정도야. 축구장 30~60개를 이어서 붙인 길이와 비슷해. 얼마나 깊은지 짐작이 가지?
평원이라고 해서 완전히 평평한 것은 아니야.
해저 화산도 있고 해산도 있지.

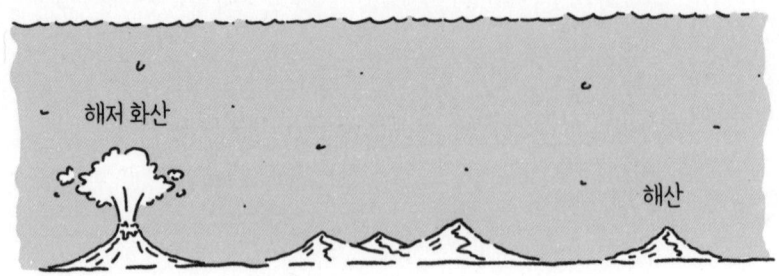

좁고 깊게 움푹 들어간 **해구**도 있어.
태평양에 있는 마리아나 해구는 세계에서 가장 깊은 곳이야.

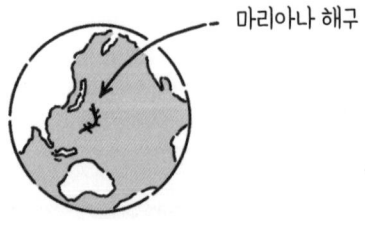

과학자들은 마리아나 해구의 깊이가
최대 10,902~10,929미터 정도에 이를 거라고 예상하고 있어.

무려 축구장 100개 정도에 달하는 깊이로, 미국에 있는 엠파이어 스테이트 빌딩 29개를 차곡차곡 쌓아 놓은 것과 같아.

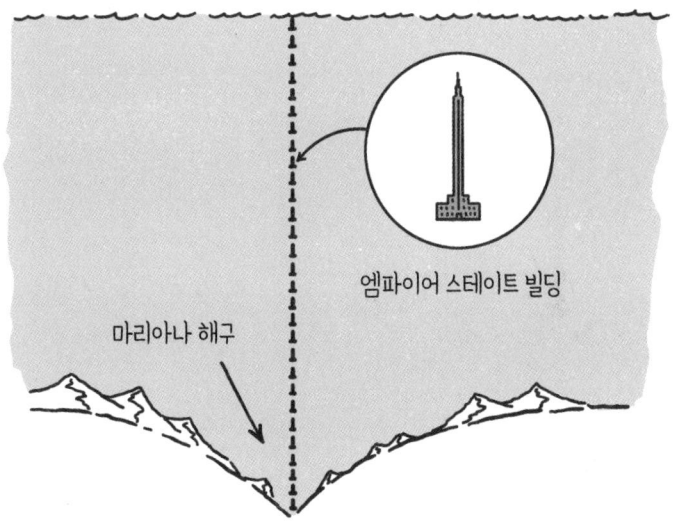

마리아나 해구는 두 개의 판이 만나는 곳이야. 태평양판이 필리핀판 밑으로 밀려 들어가면서 모든 것을 함께 빨아들이고 있어. 그래서 그렇게 깊어진 거야.

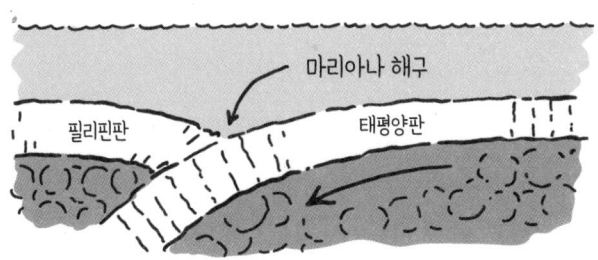

세 번째 이유 - 물고기 똥!

바다에서 수영하는 것을 좋아하지 않는 마지막 이유는 물고기 똥 때문이야.

상상해 봐. 바다에는 화장실이 없잖아.

물으나 마나 물고기는 바다에 똥을 쌀 거야. 물고기뿐이겠어?

고래, 거북이, 문어, 물개……. 모두 바다에 똥을 싸고 있지!

바다는 거대한 똥통이야! 우린 큰 변기 속에서 헤엄치는 거야.

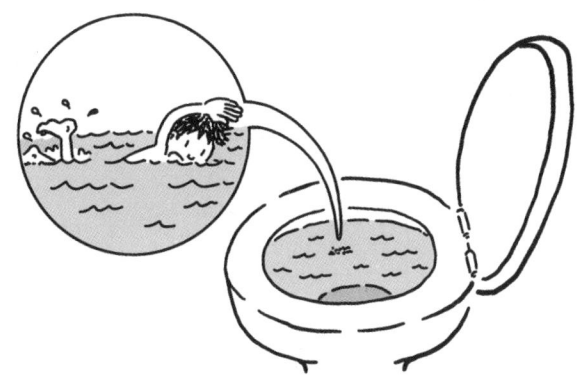

난 깨끗한 수영장에서 수영하고 싶어. 하지만 가끔 수영장에 아이들이 많으면 평소보다 물이 따뜻해서 의심스럽긴 해.

바다 수영을 좋아하지 않는 이유를 알겠지?
그런데 끔찍하게도 지금 그 바다에 갇혀 있어.

바다에 갇혀 있으니, 고모가 바다에 대해 말해 준 게 기억났어.
고모는 바다가 짠 이유도 물의 순환 때문이지만,
그랜드 캐니언이 만들어진 이유도 물의 순환 때문이라고 했어.

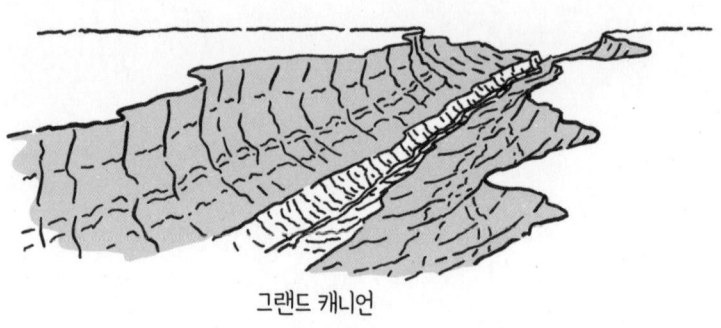

그랜드 캐니언

강을 따라 흐르는 물이 천천히 바위를 깎으면서
그랜드 캐니언이 만들어졌어. 비록 500~600만 년이나 걸리긴 했지만.

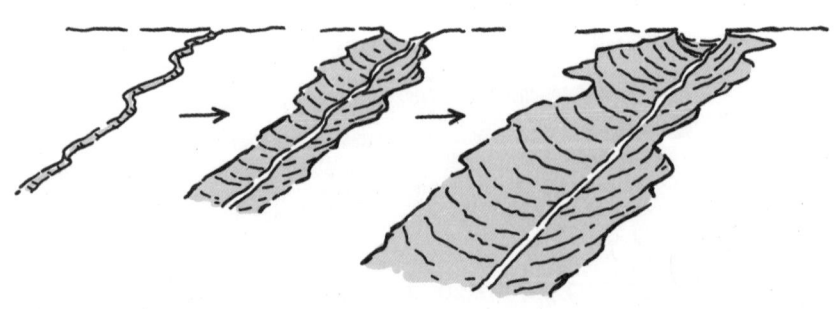

덕분에 멋진 그랜드 캐니언을 볼 수 있으니
바닷물이 짠 거는 눈감아 줄 수 있을 것 같아. 바다가 소름 끼칠 정도로
깊은 건 맞지만 지구의 크기에 비하면 그렇게 깊은 것도 아니야.
바다에서 제일 깊은 마리아나 해구의 깊이가 약 10,984미터인데
지구의 폭은 적도를 기준으로 12,756,000미터나 되니까.

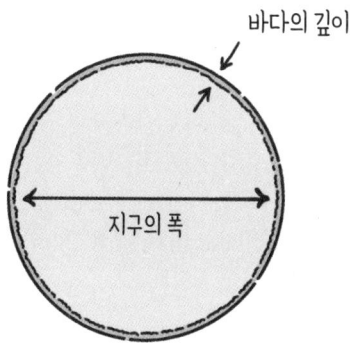

바다는 그저 지구의 얇은 층에 불과해!
지구가 볼링공이라면 바닷물의 양은 한 숟가락 정도라고 고모가 말했어.

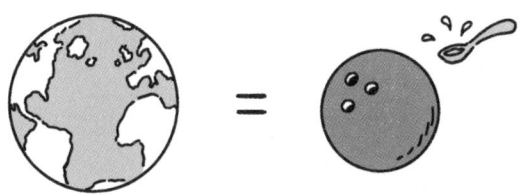

고모에게 바다야말로 거대한 변기가 아니냐고 묻자, 바닷물은 항상 흐른다는 점이 다르다고 했어. 변기 물을 내리면 흘러가듯이 말이야. 태양과 바람 때문에 바닷물은 일정한 방향과 속도로 전 세계를 돌고 있어. 이곳저곳으로 움직이면서 항상 소용돌이치고 출렁이지.

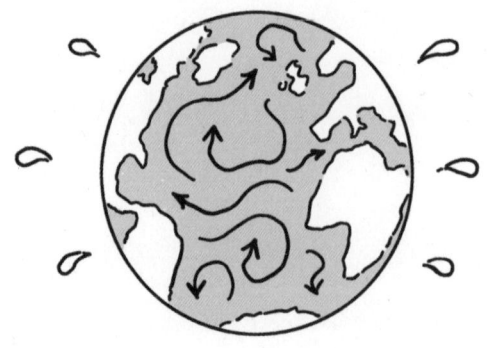

그렇게 생각하니 바닷물에 몸을 담그고 있는 게 그리 나쁘지 않은 것 같았어. 바닷물이 짠 이유도 있고, 지구의 크기에 비하면 그렇게 깊지도 않아. 그리고 스스로 변기 물을 내리는 예의도 지키니 말이야.

시간이 갈수록 바다에 있는 게 즐겁게 느껴졌어. 하지만 잊은 게 있었어.

바로 파도!

별로 나쁘지 않네.

쏴아!

갑자기 파도에 휩쓸리고 말았어. 바닷물을 많이 삼켰지.
하지만 덕분에 바다에서 빠져나올 수 있었어!

파도에 휩쓸리면서 해초를 온몸에 뒤집어썼거든.
그 덕분에 찢어진 수영복을 가릴 수 있었지.
나를 본 베로니카는 외계인이라도 만난 것처럼 소리를 질렀어.

외계인 얘기가 나온 김에 또 하나 말해 줄게.
지구의 물이 어디서 왔는지는 아무도 몰라.
고모는 지구에 생각보다 훨씬 많은 물이 있다고 했어.

어떤 과학자들은 지구가 막 만들어졌을 때 화산에서 바닷물이 나왔다고 생각해.

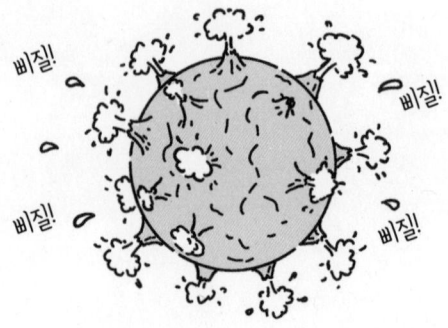

또 다른 과학자들은 바닷물이 **우주**에서 왔을 거라고 생각하지. 태양계 가장 바깥쪽에서 날아온 얼음 혜성이나 물이 있는 소행성이 지구와 충돌하면서 바다가 생겼을 거래.

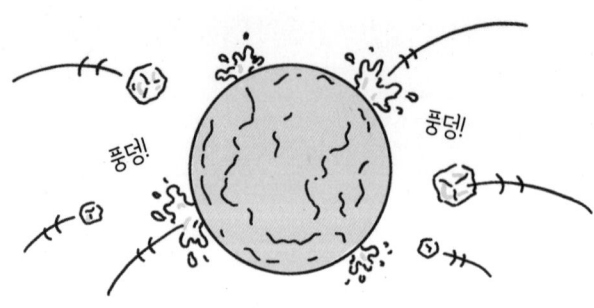

재미있는 생각이 났어. 우리 몸의 상당 부분은 물로 이루어져 있어. 우리 몸과 세포에 있는 물은 우리가 마시는 물에서 왔고, 우리가 마시는 물은 강과 바다에서 왔지.

그리고 과학자들은 물이 우주에서 왔다고 생각하지.
이게 사실이라면 **우리** 역시 우주에서 왔다고 말할 수 있지.
우리가 바로 외계인인지도 몰라!

바다에 왔을 땐 신나지 않았지만 결국 재미있는 하루를 보냈어.
암석과 물고기 똥을 좀 먹었지만 말이야.

제8장
땅을 뒤흔드는 결말

과학 탐구 대회가 있던 날, 공든 탑이 와르르 무너져 내리고 말았어.

살짝 초조하긴 했어. 이런 생각이 계속 들었지.

'계획이 틀어지면 어떡하지?', '과학 탐구 대회에서 우승을 못 하면?'

구토 소년이라고 놀림을 받으며 남은 학교 생활을 보내야 할 거야.

미안, 다른 친구가 앉기로 했어.

스벤도 과학 탐구 대회에 참가하겠다고 마음먹었어. 둘 다 참가하면 우리 중 한 사람이 우승할 확률이 높아지니까 좋다고 생각했지. 하지만 솔직히 말하면, 스벤이 우승할 것 같지는 않았어.

그러니까 스벤에게 기대하지 않는다는 말이야.

애나가 무엇을 발표할지 알기 때문에 더 초조했어. 스쿨버스에서 엿들었던 애나의 말, 기억나?

애나의 주제는 바로…….

지진에 관해 아는 거라고는 땅이 흔들린다는 것뿐인데…….
결국 고모에게 도움을 요청했어.

사실 고모는 지진에 대해서 잘 알고 있었어.

매년 전 세계에서 지진이 **백만 번** 넘게 일어난다는 거 알고 있어?
매일 3,000번 정도 지진이 일어나고 있지.
물론 대부분은 아주 약한 지진이라서 잘 느낄 수 없어.

가끔 대지진도 일어나. 매년 전 세계에서 대지진이 17번 정도 발생해.
대지진이 일어나면 도로가 끊어지고 건물이 무너져.

지진은 대부분 판이 서로 부딪치거나 쪼개지면서 발생해.

대륙이 판 위에 있고, 판과 함께 움직인다고 말한 거 기억나?

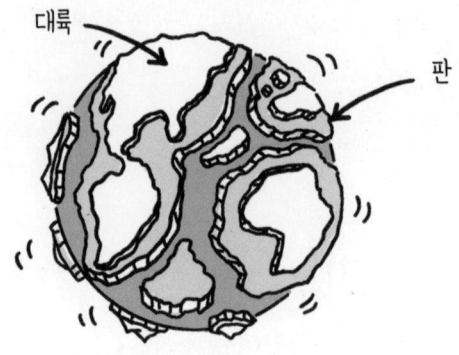

판은 정말 느리게 움직여.

제각각 서로 다른 방향과 속도로 움직이며 서로 부딪치거나 밀어내지.

판끼리 부딪치면 계속 세게 밀어.

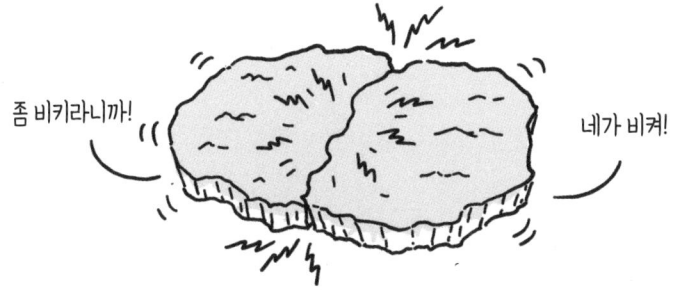

미는 힘이 계속되면 두 판이 미끄러지며 다른 방향으로 엇갈리기도 해.

그 순간 마찰이 일어나면서 땅이 흔들려. 그게 바로 지진이야.

고모는 지진이 판끼리 부딪치거나 밀어내거나
다른 판 밑으로 밀려 들어가는 등 여러 이유로 발생한다고 했어.

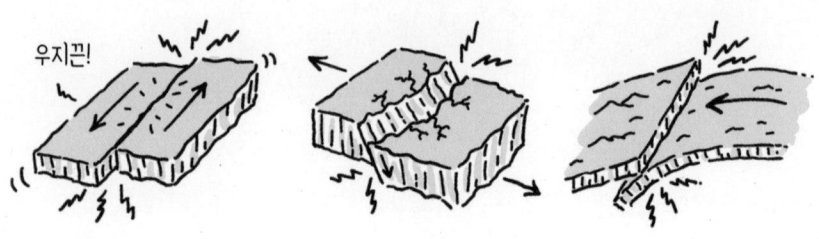

판이 양쪽에서 짓눌리면 중간에 균열이 생기면서 지진이 일어나기도 하지.
하지만 이런 경우는 흔하지 않아.

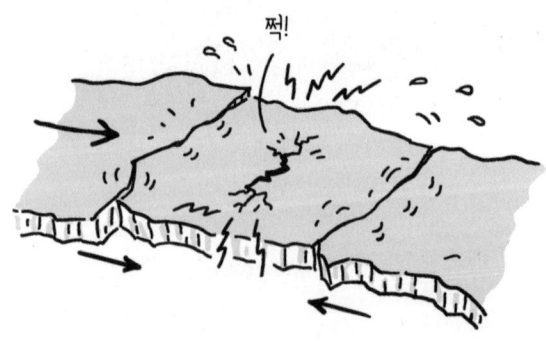

지진은 대부분 판의 경계에서 일어나지.

판의 경계에 사는 사람은 조심해야 해!

과학 탐구 대회가 열리는 날, 지구의 판처럼 내 탁자와 애나의 탁자가 나란히 있는 걸 보고 깜짝 놀랐어.

역시 애나가 준비한 자료는 대단했어. 매년 우승을 한 이유를 알 수 있었지.

애나가 덮었던 천을 들어 올리자, 입이 떡 벌어졌어.

혼자서 지진파 모의실험 장치를 만들다니! 정말 깜짝 놀랐어.
지진은 주로 판이 미끄러지면서 생긴다고 했지?
최초로 지진이 발생한 곳을 **진원**이라고 해.

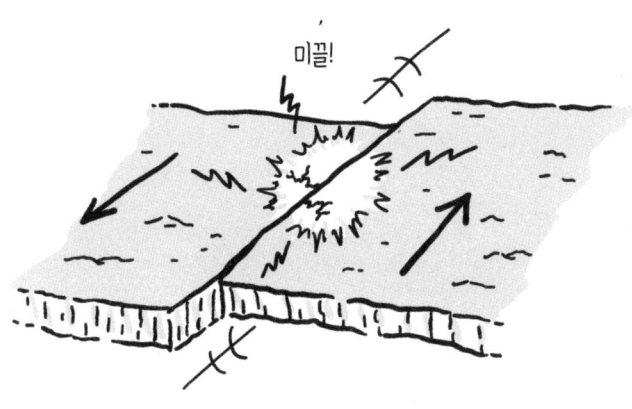

진원에서 시작된 흔들림은 마치 파도처럼, 연못에 돌을 던졌을 때 생기는 물결처럼 퍼져. 이렇게 지진 때문에 퍼져 나가는 흔들림을 **지진파**라고 해.

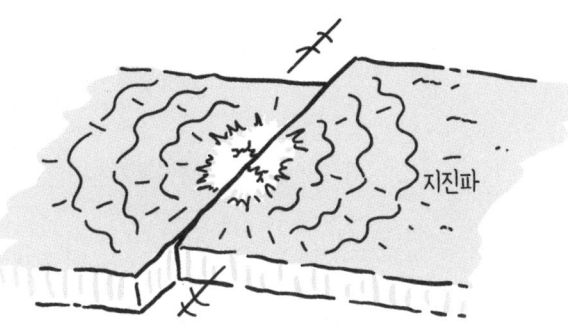

지진파는 퍼져 나가면서 강도가 약해지기 때문에 지진이 발생한 곳에서 멀수록 지진을 약하게 느끼지.

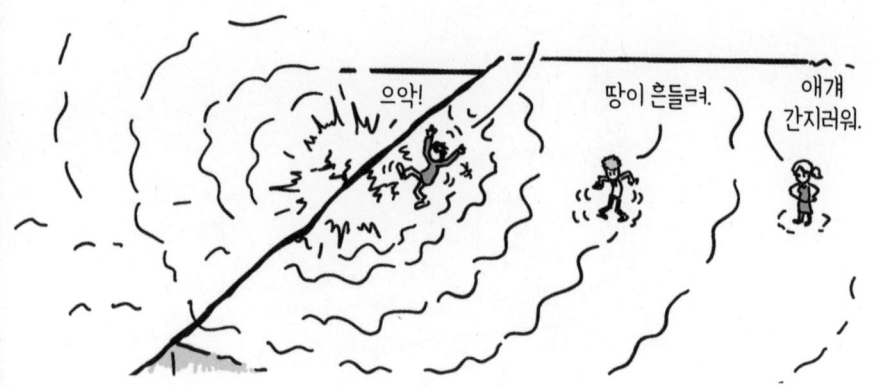

지진파는 여러 방식으로 땅을 흔들 수 있어.
애나는 지진파에 따라 땅이 어떻게 흔들리는지 보여 줬어.

지진파는 크게 P파, S파, 표면파로 나눌 수 있어. 표면파는 지구 표면을 따라 전파되는 파로 표면파가 발생하면 애벌레가 꿈틀대는 것처럼 땅이 흔들려.

S파는 횡파라고도 부르는데, 지진파의 진행 방향과 진동 방향이 수직이야. S파가 발생하면 마치 지그재그 움직이는 뱀처럼 땅이 크게 흔들려.

P파는 종파라고도 부르는데, 지진파의 진행 방향과 진동 방향이 같아. P파가 발생하면 마치 아코디언이 움직이는 것처럼 땅이 흔들려.

엄청 감동했어. 애나가 정말 멋져 보이더라.

그건 내가 완전히 망했다는 의미이기도 했지.
애나를 이길 방법은 없었어. 애나처럼 전시할 작품도 없는걸.
그래서 고모에게 탁자에 올려놓을 책을
몇 권 만들어 줄 수 있냐고 물었어.

고모는 어떤 책이든지 원하는 만큼 만들 수 있나 봐.
고모가 들고 온 책을 보고 알았지. '몇 권'이 아니었거든.

족히 수백 권은 되는 것 같았어.

그리고 탁자 가운데에 책을 탑처럼 쌓아 놓았어.

고모는 책만 전해 주고 떠났어. 드디어 과학 탐구 대회가 시작되었어.

아이들 몇 명이 내 탁자 앞에서 멈췄어.
내가 쓴 《올리버의 어마어마하게 큰 우주 이야기》를 읽었나 봐.

스벤보다 앞서는 건 분명했어.

하지만 애나의 발꿈치도 못 따라갔지.

애나의 작품을 보고 싶어 하는 아이들이 많았어. 대성공이었어!

심사할 선생님이 오셨어. 이미 우승은 물 건너갔지만, 끝까지 최선을 다하기로 마음먹었어.

이 책이 화산, 지구, 암석, 바다, 공기에 대해 얼마나 잘 다뤘는지 설명하려고 했지.

그런데 예상치 못한 일이 생겼어.

애나의 지진파 모의실험 장치가 작동하지 않나 봐!

결국 지진파 모의실험 장치가 망가지고 말았어.

애나가 과학 탐구 대회에서 우승하지 못한다는 건 분명했지.
아직 내게도 기회가 있었어.

그 순간 고모가 해 준 이야기가 생각났어.

고모에게 스벤의 역대급 구토 사건 이후로 아무도 학생 식당에서 우리와 앉지 않는다며 과학 탐구 대회에서 우승을 하면 이 상황을 바꿀 수 있을 거라고 말했어.

그러자 고모는 지구가 태양계의 다른 행성과 비교하면
정말 이상하다고 했어. 대부분 물로 이루어져 있고
온갖 초록색 생명체가 자라고 항상 트림을 하니까 말이야.

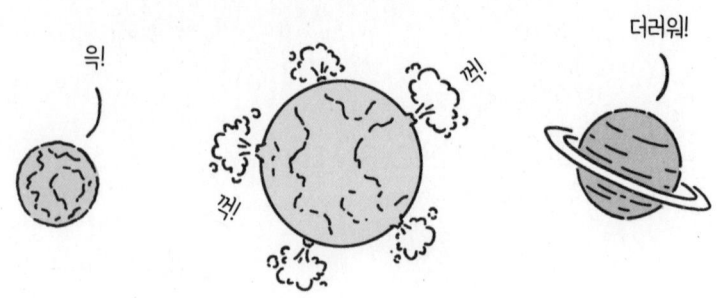

하지만 다르기 때문에 지구가 특별하다고 했지.
지구가 다른 행성들과 똑같다면 식물도 동물도 인간도 살 수 없었을 거야!
화산, 바다, 멋진 암석도 없었겠지.

고모 말을 떠올리고 재빨리 내 탁자를 애나의 탁자 옆에 갖다 붙였어.

그리고 마치 처음부터 계획한 양 말했어.

나는 탁자를 앞뒤로 흔들었어. 다행히 애나도 눈치챘지.

나는 탁자를 양옆으로 흔들었어.

이때 책으로 쌓아 올린 거대한 탑이 위태롭게 흔들리기 시작했어.
아이들의 시선이 쏠렸지.

애나가 마지막 지진파에 대해 말했어.

자, 여기까지가 내 공든 탑이 한꺼번에 와르르 무너져 내린 이야기야.

내 작전은 성공했어. 결국 애나가 과학 탐구 대회에서 우승했지.
발렌시아 선생님이 정말 영리한 실험이었다고 하셨어.

애나가 공동으로 상을 받자고 했지만 나는 괜찮다고 했어.

그때까지 책을 마무리하지 못했기 때문에 나는 상을 받을 자격이 없었지.
한 장이 빠져 있었거든. 바로 네가 지금 읽고 있는 부분이야.

게다가 상을 타지 않아도 괜찮았어. 이길 필요가 없었으니까. 발렌시아 선생님은 과학 정신을 가장 잘 실천했다며 스벤에게도 상을 주셨어. 아무도 답을 알지 못하는 질문을 탐구했기 때문이지.

혹시 궁금한 사람이 있을까 봐 말하는데,
겨드랑이에 땀이 많이 찰수록 겨드랑이 방귀 소리도 커!

제9장
이 책의 끝

좋아. 솔직히 책을 어떻게 마무리하면 좋을지 모르겠어.
그냥 무슨 일이 있었는지 말해 줄게. 우리 고모가 떠났어!

고모에게 아파트를 구했냐고 물었더니, 그건 아니래.
연구할 게 생겨서 떠나야 한대. 이번에는 물속에서 사람이 얼마나 오래
살 수 있는지 증명하는 연구를 한대. 지금까지 행성 표면에
액체 상태의 물이 발견된 건 지구뿐이지만, 과학자들은 물이 있는
다른 행성이 존재할 거라고 생각해. 실제로 목성의 위성인 유로파에는
두꺼운 얼음 아래 액체 상태의 바다가 존재할 가능성이 높다고 알려졌어.

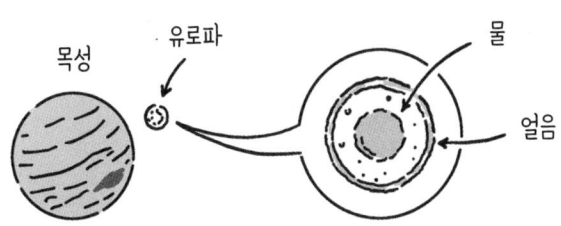

디 고모가 떠난다니 슬펐지만, 수중 기지에서 산다는 건 정말 멋져.

고모가 떠나는 날, 고모에게 내 책을 선물로 줬어.

고모, 이 책
선물로 줄게요.
잊지 말라고…….

고모는 앞으로 책을 더 많이 써 보라고 했어.
이미 애나와 같이 책을 쓰기로 했다고 말했지.
애나와 친하게 지내고 있거든. 애나에게 에비도 소개해 줬지.
학생 식당에서 같이 앉을 친구를 못 찾으면 친구를 새로 사귀면 돼.

바로 그거야!
이번에 배운 가장 중요한 교훈은 지구에 두 발을 붙이고 살아야 한다는 거야.

달에 가서 용암 동굴에 살거나 유로파에 가서 물속에 살기 전까지 크고 아름다운 행성인 지구에서 살아야 해.
그러니까 서로 이해하며 친구랑 잘 지내자.

기원전 79년에 이탈리아 베수비오산이 폭발했지.
엄청나게 많은 용암, 화산재, 진흙이 뿜어져 나왔어.
그 바람에 인구 2만 명이 살고 있던 도시,
폼페이가 불타 사라졌어.

고고학자들은 아직도 약 2,000년 전에 묻힌
폼페이 유물들을 찾고 있어!

더 배우고 싶은가요?

많은 정보를 얻을 수 있는 홈페이지를 확인해 보세요.

살고 있는 지역의 공공 도서관도 가 보세요!
분명 지구과학을 다룬 자료나 책이 많이 있을 거예요.

미국지질조사국: earthquake.usgs.gov/
한국지질자원연구원 지진연구센터: kigam.re.kr/quake
기상청 온라인 지진 과학관: kma.go.kr/eqk_pub
기상청 날씨누리: weather.go.kr
기상청 어린이 기상 교실: kma.go.kr/kids

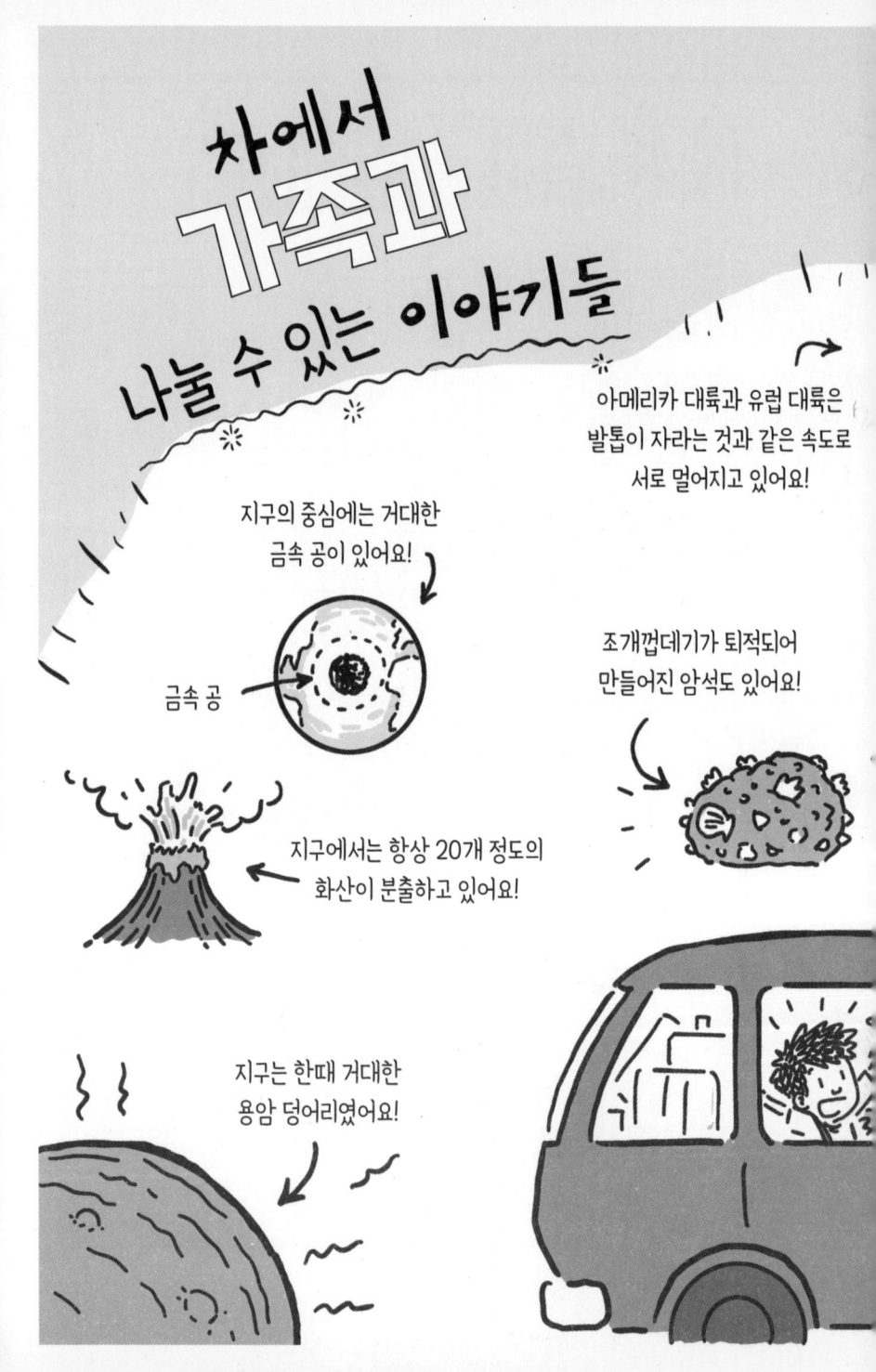

 잊지 마세요, 배운 것을 누군가에게 설명하는 것이 공부하는 가장 좋은 방법이랍니다!

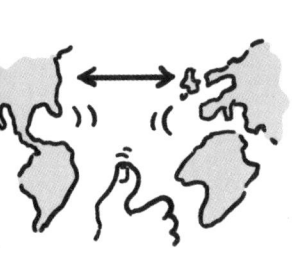

우리가 지금 숨 쉬는 공기는 화산의 트림과 세균의 방귀에서 나왔어요!

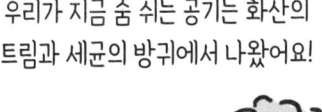
들이마시고!

뿡!

엠파이어 스테이트 빌딩 29개를 쌓아올린 것만큼 깊은 바다도 있어요.

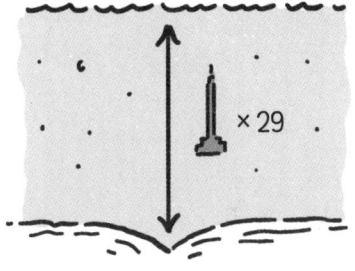

우아, 그래?

지진이 일어날 때마다 지구 전체가 흔들리면서 젤리처럼 출렁거려요!

캘리포니아 공과 대학교의 앨런 허스커 박사님과 프랑수아 티소 박사님, 미국 항공 우주국과 하와이 대학교의 맷 시글러 박사님, 미국 지질 조사국의 메리 엘리스 럼프 박사님, 플로리다 주립 대학교의 로버트 하트 박사님 등 이 책에 올바른 내용을 담을 수 있게 도움을 준 과학자들에게 큰 감사를 드립니다. 그리고 하워드 리브스와 에이브럼스 팀, 그리고 세스 피시먼과 거너트 팀에게도 감사드립니다. 수엘리카, 엘리너, 그리고 내게 영감을 주는 비공식 공동 저자인 올리버(진짜 올리버)에게도 고마움을 전합니다.

디 고모의 어린 시절!

찾아보기

ㄱ
가뭄 246~247
가스 25~27, 29, 45~46, 54, 95
공기 34, 85, 129, 141, 155~161, 165~166, 169~170, 175~177, 181, 184, 187, 226, 251
구름 45, 170, 176, 193, 194
그랜드 캐니언 202~203
금성 31, 48, 179
기상 재해 246
기후 변화 179

ㄴ
날씨 174~176
남세균 160
내핵 80

ㄷ
달 32~33, 54~56, 170, 240
대기 165~167, 171, 177, 179, 193
대기층 167~168, 170
대류권 168, 170
대륙 98~100, 103, 105, 108~111, 138, 197, 214, 250

대륙붕 197
대륙 사면 197

ㅁ
마그마 21~22, 25, 27, 79, 80, 128~129, 134, 141, 149, 158
마그마 방 22, 125, 128~129
마리아나 해구 198~199, 203
맨틀 78~81
메탄가스 95, 178
물의 순환 193, 202

ㅂ
바다 23, 119, 134, 141, 148, 160, 175~176, 184~187, 190~197, 200~206, 208~209, 226, 230, 237, 244, 251
방사선 168
방사성 물질 65, 81
베수비오산 243
변성암 135~137, 140~142, 144, 149
분석구 23

ㅅ

산소 159~160
성층 화산 23
성층권 168~170
소행성 54, 208
수증기 27, 176, 193
순상 화산 23
심성암 128
심해 평원 197~198
쓰나미 244

ㅇ

아아용암 25
알래스카 111
암석의 순환 142
에베레스트산 107
엠파이어 스테이트 빌딩 72, 79, 199, 251
열권 168
오존 169
올림퍼스 화산 31
외핵 80
용암 15, 21, 22~25, 28~29, 32, 34, 65, 75, 79, 81, 108, 129, 157, 242~243, 250
용암 동굴 32, 240
위성 55, 237
유라시아판 106
유로파 237, 240
유문암질 용암 25
유성 169
인도판 106

ㅈ

자외선 169
종상 화산 23
종파(P파) 221, 232
중간권 168~169
중력 45, 55, 82, 86~87, 157, 177
지각 78~80
지구 온난화 179, 246
지구과학자 60
지반 액상화 245
지진 34, 212~213, 215~216, 219~220, 241, 244~246, 251
지진파 218~221, 227~228, 231, 233, 235
진원 219

ㅊ

침상 용암 25

ㅋ

킬라우에아산 242

ㅌ

태평양판 199
태풍 177, 246
토네이도 177
퇴적암 129, 131, 133~135, 137, 140~142, 144, 148

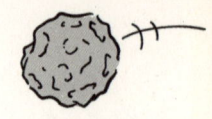

ㅍ

판 105~108, 140, 142, 199, 213~217, 219
판게아 100, 108
표면파 221, 234
필리핀판 199

ㅎ

해구 198
해산 198
허리케인 246~247
현무암질 용암 25
화산 분출물 29~30
화산 유리 127, 129
화산 활동 21, 129, 158
화산암 128
화산재 29, 243
화산학자 15, 21, 60
화성암 124, 126, 128, 137, 140~142, 144, 147
횡파(S파) 221, 232
히말라야산맥 106~107